U0582127

字的家族

人体与同源字篇

编著 ◆ 邱昭瑜

青岛出版社
QINGDAO PUBLISHING HOUSE

本 书 使 用 方 法

本 书 特 色

◎本书共收录1500余个常用字，清晰易懂，它不是字典，却拥有字典的功能，更优于一般字典。

◎本书设有一个灵魂人物——"字圣"仓颉，它会不时地补充一些小常识，并告诉我们一些典故。

◎本书以讲故事、玩游戏的方式，为广大小读者提供一套学习汉字的最佳教材。

阅读说明

1 部首

2 家族代表

就是我们常说的"部首"，也就是字的族长。

3 家族聚会

这是告诉小读者族长与每个字的关系，如：火＋火＝炎，以及这个家族的所有亲戚。

4 字圣讲堂

这是本书的特色，除了让小读者了解族长及成员，还可告诉您一些相关字词的故事。

5 奇思妙想

给小读者设置一些小小的思考问题，加强家长、老师与孩子之间的互动。

范 例

本书"简体、繁体"对照说明

就目前所知，汉字由甲骨文一直演变到繁体字，再由繁体字演变到目前使用的简体字。

在体例上，本书采用简体与繁体对照的形式，基本上对每个字的解释，都是基于简化字之前的繁体字，如：

拼音 → yōng 简体 → 指"拥"的字义解释。

拥

扌＋用

抱

"雍"有雍和、和睦、和谐的意思。用手拥抱他人，便传达了希望和睦的心意。

繁体 → （擁）

扌＋雍 ← 拆字

指"擁"的源流演变。
本书主要是根据繁体字（如：擁）解释字的源流演变。

本书字的部首说明

《字的家族》旨在告诉小读者，所有的文字都有一个部首，同样的部首属于同一个家族；理清所有部首间的关系，了解所有文字的家族，就能更轻松地掌握汉字。有些部首因为简化的原因，导致简体字与繁体字之间存在一些差异，为了给小读者解释清楚，特举例说明，如：

拼音 → liáng 简体 → 指"凉"的字义解释。

凉

冫＋京

微寒

"京"的本义是指人站在高处。高处的气温通常比较低，因此比较容易感受到寒意。

繁体 → （涼）

氵＋京 ← 拆字

指"凉"的源流演变。部分繁体字经过简化过程，字的部首也因此而改变，如凉（水部）→凉（冫部），而本书主要是根据繁体字来解释字的源流演变。

● 阅读本书，小读者除了能认识简体字外，还可以对繁体字有所了解。书中对每个字的起源、由来以及演变过程都有详细的阐释。在编写体例上，为了让小读者更好地理解每个字的源流演变，我们保留了它们的繁体字。

给 小 朋 友 的 话

　　小朋友，在你跟着"字圣"仓颉去认识各个字的家族之前，我想先跟你们聊一聊这套书。

　　这套《字的家族》是《有故事的汉字》的姐妹书。在《有故事的汉字》中，我选取了200余个小朋友常见的字，介绍它们的源流与演变，让小朋友们通过类似讲故事的方式，来了解这些跟我们的生活息息相关的文字，知道它们也有诞生和演变的过程，就像我们人类渐渐演变进化的过程一样。

　　文字是人类发明的，人类有家族，文字当然也有家族啦！中国的汉字最可爱的地方，就是当你认识某个字所属家族的族长之后，就算在其他地方看到落单的家族成员，你也能一眼就认出它是属于哪一家族的。什么？你连族长是什么模样都不知道？说得简单一点，族长就是我们常说的"部首"，不过不只是"部首"可以当族长，"同源字"也可以当族长。什么是"同源字"呢？就是具有同样根源的字啦！

　　在每个字的家族里都有一个"家族聚会"，里面有一些你常见的家族成员。你可能会有这样的疑问："这个家族的成员只有这些吗？"当然不是的。因为在我发出邀请函请这些文字回家族聚会的时候，有些文字正在旅行而不便参加，有些文字则坚持隐居、不想再过问家族的事，所以你看到的家族成员就只有这些爱热闹出风头的了。你或许会发现这些参加聚会的家族成员有很多是"熟面孔"，其实这些"熟面孔"都是我特别邀请回来的。说到这里，你可能会问："是不是所有的熟面孔我都可以看见？"假如你希望在这里看到所有的熟面孔，我就只能说声抱歉了。有些熟面孔没有出现，因为它们都是"形声字"，也就是除了跟族长有血缘关系外，另外一部分纯粹是表示声音的符号，没有特殊的意义，所以它们觉得和其他成员在一起会很无聊，也不想参加聚会。为什么会有这种状况呢？那是因为先有语言才有文字，有些人们口头上已经说习惯了的语言在要造字的时候，却发现除了表类别的符号之外，找不到其他的符号可以表示属于这种语言的意义，所以就找了一个发音相同或相近的符号，跟这个表类别的符号搭配构成了一个字。还有一些太小的家族觉得成员太少，不好意思参加这种盛会，便先跟我打招呼说要去旅行了，你以后或许会在某个角落遇见它们，所以在这里请允许它们缺席吧！

另外，在这套《字的家族》里，我还请来了一位有四千多岁高龄的"字圣"仓颉来陪伴小朋友们学习中国的汉字。小朋友们一定很想知道"字圣"仓颉是个怎样的人，其实严格说来，仓颉已经不是"人"了，因为他早就成"圣人"了嘛！我们请仓颉先上台做个自我介绍……

各位小朋友大家好

　　我是"字圣"仓颉，今年已经四千五百多岁了，这年龄好像有点……"大"，对不对？不过比起那个造人的女娲娘娘，我可是小巫见大巫哩！嘿——有点离题了，是不是？小朋友，请原谅，老爷爷见过的人、知道的事太多，有时扯起来就会没完没了……

　　还是来说说中国文字吧！想当年我还是一个年轻俊俏的小伙子，那时我可真是意气风发啊！因为我当了黄帝的史官……什么？不知道"史官"是什么？我想想哦！我当时做的工作，就是把黄帝做了什么事、国家发生了什么大事都记载下来，这大概就是史官的工作了。咦？我看到有个聪明的小朋友举手问我问题了。什么？你要问我是怎么"记载"下这些事的吗？这下可问到重点了。

　　以前没有文字的时候，这可是个大麻烦。想当年还流行"结绳记事"，那真不是一种好法子。为了一个绳结是一只兔子还是一头牛，黄帝和蚩尤还吵了起来，差点儿打架呢。蚩尤是谁？那是一个大坏蛋。以后我有时间再告诉你们蚩尤的故事……

　　为了可以清楚地把国家大事记载下来，我每天从早到晚都在想办法。有一天我走到河边正烦恼的时候，突然看到鸟兽在地上留下来的痕迹，当时我灵光一闪，就照着那些痕迹来画简笔画，就有了像"爪"这样的字，然后我抬起头来看到河川在流动，又画出了"川"字，再往上看，又看到了"山""木""云""日"……于是，越来越多的文字就这样被我造出来了。很有趣吧！你会发现：原来中国文字在远古的时候，是从一个个的图画变来的。

　　后来，文字繁衍得越来越多，把它们分门别类之后，就是你马上要看的《字的家族》啦！以后我会在每个"家族"里出现，告诉小朋友更多知识和故事。谢谢各位捧场，我们以后再见！

contents ················· 目 录

人 的 家 族

> "人"在甲骨文中画的是人体的侧面图，跟人的外表、称呼、活动及品行有关的字，大多有"人"偏旁，当作部首时写成"亻"。

家族聚会

rén

仁

亻 + 二

有道德的人；宽惠的德性

● "二"是数字中的第一个偶数，就符号来说是跟天相对的地，引申有天地之意，而天地生人与万物则是抱着一颗慈爱的心。

● 仁义、仁爱、仁政、果仁

jùn

俊

亻 + 夋

相貌秀美、才智过人的人

● "夋"是指行动敏捷的样子。才能超群的人，他的言行也会十分敏捷，异于常人。

● 英俊、俊美、俊秀、俊杰、俊俏

wěi

伟

亻 + 韦

（**偉**）

亻 + 韋

超出平常的

● "韋"（韦）看起来像两个左右相反的东西连在一起，有违背的意思。而特立独行的人，他的行为也与一般人不同，有违反常态的意味。

● 伟大、宏伟、伟人、伟业、伟岸

xiá

侠

亻 + 夹

（**俠**）

亻 + 夾

仗义勇为、帮助弱小的人

● "夾"（夹）是中间一个大（"人"的意思）、左右两边各有一个人，所以有辅助他人的意思。而侠通常会主动辅助、帮助需要帮助的人。

● 侠义、游侠、侠客、武侠

人

009

xiān

仙

亻 + 山

能长生不老、有特殊本领的人

● 这个字很有趣，人在山中修炼便成了仙。古人认为人到山中修道便能成仙，可以长生不老。

● 仙女、神仙、仙境、仙人掌

huǒ

伙

亻 + 火

在一起工作或生活的同伴

● 古代的兵制以十人为一组，共同生火煮饭，所以就有"火伴"的称呼，后来在"火"旁边加上"人"，表明这是人与人之间的关系。

● 伙伴、伙计、合伙、伙食、小伙子

bàn **伴** 亻+半	同在一起的人

● 这个字很有意思，在人的旁边加上一个"半"字，除了表示两人可以互相依靠之外，又表示单独一个人时，就像木片被分成两半，要合在一起才是完整的。

● 陪伴、同伴、伴舞、伴郎

lǚ **侣** 亻+吕	同伴

● "吕"是两条紧密相连的脊椎骨，表示关系非常密切，旁边加上"人"，就表示与这个人的关系是很密切的。

● 伴侣、情侣、僧侣

yōng **佣** 亻+用 （**傭**） 亻+庸	受雇做事的人

● "庸"有"用"之意。雇用人来做事，当然希望这个人是可用的。

● 雇佣、佣人、佣金

xìn **信** 亻+言	诚实

● "言"是言语。人说出来的话必须真实可信，不欺骗自己的良心，也不欺骗他人。

● 信任、诚信、信封、信念、信仰

wěi
伪
亻+ 为
（**偽**）
亻+ 為

假的、不真实

● "为"的本义是母猴。猴子外貌像人而非人，就好像伪造出来的东西，像真品而非真品。

● 虚伪、伪君子、伪装、伪证

piān
偏
亻+ 扁

不正

● "扁"是由"户"和"册"组成，在古代是指标示门户等第的木牌，这种木牌通常挂在门的一侧，而不是挂在正中间的，所以就有"不正"的意思，加上"人"偏旁，便表示人的所作所为不公正。

● 偏僻、偏爱、偏巧、偏旁

人

011

cè
侧
亻+ 则
（**側**）
亻+ 則

旁边

● "则"有准的意思。以人所站立的位置作为基准，并列在人近身之外的，即是侧边。

● 侧面、侧门、侧耳、侧身、侧重

tíng
停
亻+ 亭

止；不动

● "亭"是供人暂作休息的处所，人到了亭子，当然就想停下来休息啦！

● 停止、停留、停学、停战、停泊

zuǒ
佐
亻 + 左

辅助、帮助

● 古人以右边为尊位，所以站在君王或主人左边的人，通常会具有辅助、帮忙的作用。

● 辅佐、佐证、佐料

yòu
佑
亻 + 右

保护、扶助

● 因为古人以右边为尊位，所以站在右边的人，势力或能力比较强，能保护或扶助较弱势的人。其实，就"右"字来说，是由"手"和"口"组成的，有以手助口的意思，在本义上就已经有协助的意思了。

● 保佑、庇佑、护佑

bǎo
保
亻 + 呆

守护、守卫

● "呆"在甲骨文中画的是被包裹起来的婴儿，加上"人"偏旁，表示这个婴儿需要大人的呵护和照顾。

● 保护、保密、保持、保证、担保

chóu
仇
亻 + 九

敌对、怨恨

● "九"是单数数目中最大的数，有终极的意思，而仇人相对，同样是没完没了、势难两立的，也有"终极"的意味。

● 仇恨、仇人、报仇、疾恶如仇

人

012

diàn
佃
亻 + 田

向别人租借土地耕种，或替地主耕种的人

● 这个字表示一个人依靠耕种田地过活。身为佃农，为了取得更好的收成，便要多花时间在田里耕种。

● 佃户、佃租、佃作

wèi
位
亻 + 立

所在的地方、所居的职分

● 人站立在自己应当站立的位置，便是"位"。古代的君臣在朝商议国事时，每个人都依照相应职位站在不同的地方，不可错乱逾越身份。

● 位置、方位、座位、职位

zhàng
仗
亻 + 丈

兵器的总称；战争

● "丈"在这里是指"杖"的右半部，人拿木杖，当然就是要打人啦！后来，这个字又引申为所有兵器的总称，而最常使用兵器的场合，便是战场上，所以"仗"字又有了战争的意思。

● 仰仗、打仗、仪仗、胜仗

fá
伐
亻 + 戈

攻打

● "戈"是兵器的一种。人拿兵器就是要向对方进攻、击打。

● 讨伐、伐树、口诛笔伐

人

fù

付

亻 + 寸

把东西交给别人

● "寸"字是指离手一寸的地方，也就是中医把脉测量脉搏的地方，所以"寸"字有手的意思。"付"字特别把人身上的手的部位指出来，就表示这个字跟手的关系很密切，而手常常会做出取物或把物品拿给别人的动作。

● 付钱、付出、支付、付之一炬

xiū

休

亻 + 木

歇息

● 人靠在树木旁边，就表明是要休息啦！

● 休息、休假、休闲、休眠

juàn

倦

亻 + 卷

身体疲劳

● "卷"有弯曲之意。人在疲劳时，身体就会想弯曲休息。

● 疲倦、倦容、倦鸟、倦怠

zhù

住

亻 + 主

居处；停止

● "主"是有灯座的火烛。又有人又有灯座火烛的地方，当然就是一个可以居住或停留歇息的地方。

● 住处、住手、停住、住户

fǔ

俯

亻 + 府

低头、向下

● "府"是官员办公或居住的地方，下属或百姓对这些官员通常要低头表示敬意。

● 俯身、俯视、俯拍

yǎng
仰
亻 + 卬

抬头向上

● 此字的小篆看起来很有趣，是由两个人组成，其中一个人的手压在另一人身上，所以被压的那个人身体就弯下去，而压人的那个人就可以垫高脚、抬头来看想看的东西。

● 仰望、敬仰、仰仗

qǐ
企
人 + 止

提起脚跟；盼望

● "止"在甲骨文中画的是一只脚的脚趾的样子，加上"人"偏旁强调这是人的脚趾。人在踮脚尖时，会把力量集中在脚趾上，既然要踮起脚尖，一定是为了想看什么，因此也有盼望的意思。

● 企业、企图、企盼、企及

fú
伏
亻 + 犬

弯身趴着

● 狗常常弯身趴着帮人看守门户，所以就照着狗这种常见的姿势来造这个字，即特别指出"弯身趴着"的这种姿势。

● 降伏、伏卧、伏法、伏天、埋伏

dī
低
亻 + 氐

不高

● "氐"是指草木垂到地面的根，再加上"人"偏旁就表示这个人俯身触及地面，不仅身体必须要弯下，连姿势都是不高的。

● 低头、高低、低俗、低价、低落

dǎo

倒

亻＋到

跌跤

● "到"有至的意思，在这里是指直达地面。人原本是站着的，假如与地面有了接触，便是跌了一跤。

● 摔倒、倒台、打倒、倒戈

rèn

任

亻＋壬

职责

● "壬"是"工"字中间加上一横，所以有担负的意思，加上"人"偏旁便表示这个责任是由人所担负的。

● 责任、信任、任务、任命、任性

huà

化

亻＋七

改变

● 这个字的甲骨文，画的是两个人一正一反立着，看起来像是反复引转的样子，也就产生了变化的意思。

● 变化、熔化、化学、化肥

dài

代

亻＋弋

更替

● "弋"是小木桩，竖在门的中间可用来分别内外，表示外面和里面是不同的。而人或事物作更替时，也是前后不同的。

● 代替、年代、世代、后代、代办

biàn
便
亻 + 更

顺利；适宜

● "更"有更改、改变之意。当人遇到不方便的状况时，就想改变它，让它变得方便、顺利。

● 方便、便利、便当、随便、便衣

sì
伺
亻 + 司

侦察、窥探

● "司"是地方上替君王治理政事的官员，所以要常常观察和留意人民的生活及意向。

● 伺候、伺机、窥伺

fèn
份
亻 + 分

量词；把整体的东西分成几个小单位

● 把整体的东西分成许多小单位，每个单位便称为"一份"。

● 份额、月份、股份、份子

gū
估
亻 + 古

推算

● "古"是指过去的久远时间。估价时，除了由专人负责之外，还需斟酌过去的经验来推算物品的价值。

● 估计、评估、估价

zuò

作

亻+乍

从事某项活动

● “乍”在甲骨文中画的就像一个坐着的人手上拿着工具在工作的样子，加上“人”偏旁更强调这个人正在从事某项活动或工作。

● 作业、作文、振作、作乱、作者

cuī

催

亻+崔

叫人动作快些

● “崔”是又高又大的山。而催促人动作快些时，通常会给被催促的人以压迫感，就像高大的山压迫在面前一样。

● 催促、催眠、催化

jiā

佳

亻+圭

美好的

● “圭”是一种美玉，再加上“人”偏旁就表示这个人是很美好的。

● 佳丽、佳偶、佳酿、佳音、佳节

pèi

佩

亻+㐬

挂在身上

● “㐬”是由“凡”和“巾”组成的，表示这是一种很平常的布巾。古人常在身上系布巾来做装饰。

● 佩服、玉佩、敬佩、佩剑、佩带

shǎ

傻

亻+㑹

愚笨、不聪明的

● “㑹”在古代是指马的头盖骨。马是牲畜，智商不高，所以要是人的智商像马一样，就是指此人是不聪明的。

● 傻瓜、犯傻、傻笑、傻干

shǐ
使
亻 + 吏

令；差遣

● 这个字是由"人"和"吏"组成的，官吏是受到上级官员的差遣、并可差遣别人做事的人，所以"使"字便有差遣、利用的意思。

● 使用、使者、使命、使劲、使女

zhēn
侦
亻 + 贞

（偵）

亻 + 貞

暗中察看、打听

● "贞"是由"卜"和"贝"组成的，有卜卦吉凶的意思，加上"人"偏旁便是指由人去窥探、观察事物的现状或未来的动向。

● 侦探、侦察、侦破、侦讯

gōng
供
亻 + 共

给

● "共"的本义是用双手捧着东西，加上"人"偏旁便表示这东西是要给人的，所以有供给的意思。

● 供应、供求、供需、供销

yī
依
亻 + 衣

靠

● 衣服的功用是保护身体，不让身体受寒或受伤害；而人得到依靠时，也像身体获得衣服的保护一样。

● 依偎、依靠、依旧、依从、皈依

jiàn
健
亻 + 建

强壮

● "建"有创立、兴起的意思。有能力创立事业、成就一番功业的人，体魄也大都是强壮的。

● 健康、保健、健壮、健全

例

lì

亻＋列

可供比照的标准

● "列"有行次、行列之意，事物必须有次序才能作比较；而"例"则是把相近的事物拿来比较、参考，然后制定出一个标准。

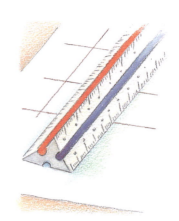

● 例外、举例、条例、破例

侮

wǔ

亻＋每

态度傲慢不庄重；欺负

● "母"字上头是一个"屮"（草）的形状，本义是指草向上茂盛地生长。假如人的气焰像草一样没有节制地生长，那么态度就会傲慢，也容易欺负别人。

● 侮辱、欺侮、侮骂

傲

ào

亻＋敖

自大、看不起人

● "敖"是由"出"和"放"组成的，有肆无忌惮的意思。在为人处世时，一个人若是肆无忌惮、不把别人看在眼中，就显得十分傲慢。

● 骄傲、傲骨、傲然、傲慢、高傲

侵

qīn

亻＋㞢

接近；进犯

● "㞢"是人的手上拿着扫帚在扫地。扫地时要步步前进，把脏污之处打扫干净，所以对目标物有逐步接近、进犯的意思。

● 侵略、侵犯、侵吞、侵蚀

tōu
偷
亻 + 俞

窃取财物

● "俞"是一种中空的独木舟，可以当作小船运送人或货物；而窃取别人的财物，就像把别人的财物运送到自己家一样。

● 小偷、偷盗、偷吃、偷听

shāng
伤
亻 + 㐆
（傷）
亻 + 𥏋

身体或东西受到损坏

● "𥏋"有显著的意思，人的身体受到创伤，就很容易显露在外面被别人看见。

● 伤害、受伤、悲伤、伤口

zhài
债
亻 + 责
（債）
亻 + 責

欠人家的财物

● "责"有责任的意思。欠人钱财，则有责任督促自己要赶快还债。

● 欠债、债务、债主、还债

jià
价
亻 + 介
（價）
亻 + 賈

货物所值的钱

● 古代称买和卖都是用"賈"（贾）字。人在买卖时，一定会讨价还价。估算货物所值的钱究竟是多或是少。

● 价格、代价、涨价、价值

jiǎn

俭
亻 + 佥

（儉）
亻 + 僉

节省、不浪费

● "佥"字有全部的意思，加上"人"偏旁，表示人下定决心节约，便要从各方面着手。

● 节俭、俭朴、勤俭

cù

促
亻 + 足

自动去与人接近；推动或催促别人做事

● "足"是脚，有走路、步行的意思，加上"人"偏旁，便有人往前走、靠近目标物、推动事情发展的意思。

● 促进、仓促、督促、促膝长谈

yí

仪
亻 + 义

（儀）
亻 + 義

法则、标准；容貌、举止

● "义"是指合法度的事，人要裁判事物是否合于法度，必须要先有一定的衡量准则。

● 仪表、礼仪、仪态、仪式

sú

俗
亻 + 谷

一个地区的人所表现出来的习惯

● 人类最早是穴居在山谷之中，所以会有一些共同的习惯和风俗，加上"人"偏旁表示这风俗是由人的习惯所累积下来的。

● 风俗、俗话、俗气、凡夫俗子

<table>
<tr><td>

xiàng

像

亻 + 象
</td><td>

照着人物制成的形象；相似

● 古人很少有机会看到真的大象，所以大多拿着象的图画来想象大象的样子，因此推想的样子跟实际的大象比较起来，也只是样貌相似而已。

● 画像、肖像、雕像、图像
</td></tr>
</table>

 字圣讲堂

佾　每年举行祭孔大典的时候，你一般都会看到"八佾舞"的表演，究竟"八佾舞"是什么呢？其实，"佾"是古代一种呈正方形排列的乐舞，通常分为六佾和八佾两种。六佾舞是每行每列各有六个人，所以总共有三十六个人，六佾舞是用来祭拜诸侯和宰相时跳的乐舞，只有文舞一种；而八佾舞则是每行每列各有八个人，所以总共有六十四个人，八佾舞是用来祭拜皇帝时跳的乐舞，分为文舞、武舞和文武合一舞三种。

人

奇思妙想

　　看完上面对于"佾舞"的介绍，你会不会觉得很奇怪，孔子又没当过皇帝，为什么祭拜他时要跳"八佾舞"呢？动动脑筋想一想！

大 的 家 族

"大"是人正面站立、张开两手两脚的样子，跟人或大有关的字，大多有一个"大"偏旁。

家族聚会

tiān
天
一 + 大

地球周围的太空

● "一"是数字中的第一位，古人认为天是至高无上的，所以，就在表示人身体的"大"字上头加了"一"，用来表示天是独一无二、最重要的。

● 天空、每天、天气、冬天、今天

fū
夫
一 + 大

成年的男子

● 这个字和"天"字在构造上很像，但是"一"代表的意思却完全不同。在"夫"字上头的"一"，指的是发簪，因为古代男子到了二十岁会举行成年礼，要把头发束起来，插上发簪、戴上帽子，跟青少年时期作一个告别了。

● 渔夫、夫子、丈夫、夫妻

yāo
夭
一 + 大

屈曲不直；未成年的人死去

● 在表示人体的"大"上面加一撇，便是强调那人的头是歪斜不正的。后来引申形容无法顺利成长的早逝生命为"夭折"。

● 夭折、逃之夭夭、夭亡

jiā
夹
夾
（夾）
人 + 大 + 人

把东西从左右两面挟持

● 这个字一看就很清楚，指的是一个人在当中张开两臂站着，左右两旁各有一个人把他挟持住。

● 夹心、夹住、夹杂、夹层

yāng
央
冂 + 大

中心、当中的

● 这个字很有趣，画的就像一个人肩上扛着一根扁担，扁担的两边各担着货物，而人张开肩将扁担扛在正中央，随时保持扁担的平衡。

● 中央、央求、夜未央、央告

bēn
奔
大 + 卉

急跑

● "卉"字是由三个"屮"（草）组成的，所以有草丛的意思。当人在草丛中行走的时候，为了避免被躲在里面的虫蛇攻击，自然就会走快一点。

● 奔跑、奔流、奔放、奔忙

tài
太
大 + 、

极、很

● 小篆的"太"字是在"大"的里面画上两道短横,有"再"的意思。因为"大"字无法完全、完整地表达出很大的意思,所以就造了"太"字来强调更大、极大的意思。

● 太阳、太平、太空、太傅、太公

kuā
夸
大 + 亏

说大话;奢侈

● "亏"是指气息吐出的样子。当人说大话或是志得意满时,说出来的话都会特别大声,口气也非常狂妄。

● 夸张、夸耀、夸赞、夸夸其谈

shē
奢
大 + 者

过多的、没有节制的

● "者"有"这"的意思,用来跟其他东西作分别,在"者"上加"大",便是强调这个东西比其他东西要大得多。

● 奢侈、奢求、奢望

qí
奇
大 + 可

怪异、不寻常

● "可"字有肯定、赞同的意思,在甲骨文中画的就像一个人口中呼出了舒缓的气息。而东西"大"的话就表示异于平常大小,所以是不寻常的,加上"可"偏旁便表示同意这东西是不寻常的说法。

● 奇怪、好奇、奇妙、奇迹

qì
契
丰+刀+大

合约

● 这个字一看就知道，是指一个人手里拿着刀子，正在竹片上刻着记号，记录约定的内容。

● 契约、房契、默契、契机

tào
套
大+镸

罩在物体外面的东西

● "镸"是"长"的另一种写法。把一个东西罩在物体外面时，这个物体跟原本的大小相比，便有一种"长大了"的错觉，而"套"的本义便是"长大"。

● 外套、手套、配套、套用、圈套

028

diàn
奠
酋+大

用祭品向死者致敬

● 这个字从甲骨文来看比较容易理解，"奠"字画的就像是把酒樽放在台几上，恭敬地祭祀祖先，所以"大"在这里便是表示台几。

● 祭奠、奠仪、奠基、奠定

duó
夺
大+寸
（奪）
大+隹+寸

强取

● "寸"是手腕。用手抓一只鸟（隹），鸟儿一定会拼命地拍翅挣脱，这时抓鸟的人手腕力道就要更大才能抓住，引申有"强取"的意思。

● 掠夺、夺取、夺冠、争夺

fèn

奋

大 + 田

（奮）

大+隹+田

鸟振动着翅膀；努力

● 田里有稻谷，因此，大群鸟儿便会努力振翅飞到田里觅食。

● 奋斗、发奋、勤奋、兴奋

奇思妙想

你听过"夸父追日"的故事吗？你觉得"夸父追日"的这种精神可取吗？为什么？

尸 的 家族

"尸"是"屍"的古字，在甲骨文中画的是一个人死去后侧面躺着的样子，跟人体有关的字，大多有一个"尸"偏旁。

家族聚会

shī
尸
尸

（屍）

尸 + 死

死人的身体

● "尸"是一个人死去后，侧面躺着的样子，要强调这个人已经死去，便在下面加上"死"字。

● 尸体、僵尸、验尸

shǐ
屎
尸 + 米

粪便

● 人活着就要吃五谷杂粮，而从肛门排放出来的废物很像米糊，所以就在"尸"的下方加"米"来表示粪便。

● 眼屎、拉屎、屎壳郎

niào

尿

尸 + 水

小便

● 甲骨文的"尿"字，看起来非常有趣，画的是一个人侧面站着尿尿的样子。而从"尸"加"水"这样的结构来说，也很容易理解这是从人体内排出的液体。

● 尿布、尿液、尿肥

wěi

尾

尸 + 毛

末端

● "尸"字引申有动物形体的意思，下面加上"毛"字，便是强调生长在形体末端的毛。

● 尾巴、结尾、船尾、尾声

pì

屁

尸 + 比

由肛门排出的臭气

● "比"是指两个人紧挨着。放屁时通常会接连着放，并且声音跟"比"音也非常相似，所以在"尸"下加"比"来表示放屁。

● 屁股、放屁、屁滚尿流

jū

居

尸 + 古

住

● "古"是由"十"和"口"组成的，十口之家表示人丁兴旺。古人通常以大家庭的模式群居在一起。"古"还表示时间悠久的意思，古人不轻易搬家，通常会在一个地方居住很久。

● 居住、居民、隐居、故居、居心

尸

031

wū
屋
尸 + 至

房舍

● "尸"在这里跟人体无关，而是指房子的外形，下面加上"至"，表示人到了房子里面。这房子是可以供人们休息、住宿的地方。

● 房屋、屋顶、屋檐、屋宇

píng
屏
尸 + 并

遮挡、遮蔽

● "尸"在这里是"屋"的意思，而下面的"并"含有"合"的意思；"屏"是指遮挡屋子的东西，要先有屋子才会有屏障物，屏是无法单独存在的，所以必须与"屋"合在一起出现。

● 屏风、开屏、屏幕、屏蔽

céng
层
尸 + 云
（層）
尸 + 曾

重迭、连续不断

● "尸"在这里是"屋"字的意思，而"曾"有重叠的意思，所以两者相加就是指重叠的屋宇，因此，我们也用"层"来当作计算高楼的单位。

● 阶层、层次、层出不穷

zhǔ
属
尸 + 禹
（**屬**）
尸 + 氺 + 蜀

相连、连续

● "蜀"是一种专吃葵花的细长小虫，"氺"画的是虫的尾部，这种虫有一种特性，就是喜欢一只接着另一只的尾部前进，所以就有了相连、连续的意思。

● 属望、属意

tú
屠
尸 + 者

宰杀牲畜

● "者"有他者的意思，用来区分不同的人或物；而牲畜是供人使用或宰杀的，种类繁多，要有所分别，以免产生错误。

● 屠户、屠刀、屠杀、屠夫

jiè
届
尸 + 由
（**屆**）
尸 + 凸

到、至；回、次

● "凸"是"块"的古字。人在行走时，碰到石块就会停下来，所以有到、至的意思。

● 届时、届期、应届生

zhǎn
展
尸 + 𧞣

张开、舒放

● "𧞣"在小篆里画的是细绢制成的衣服，通常是后妃见君王或是接见贵客时的穿着，所以要剪裁合宜、易于舒展。

● 开展、发展、展望、展现、展品

qū
屈
尸 + 出

弯曲

● "尸"在这里是"尾"的省略，是指有翅无尾的尺蠖蛾，而尺蠖蛾在爬行的时候，要靠屈伸身体才能前进。

● 委屈、屈伸、屈服、冤屈

ní
尼
尸 + 匕

古文通"昵"字，亲昵；削发出家信佛的女僧

● "匕"在甲骨文里画的是人的侧面形体，加上同样代表人形的"尸"，便成了两个侧面躺着、头脚相靠的人，样子看起来非常亲近，所以"尼"字的本义就是"近"了。

● 尼姑、尼庵、僧尼

xiè
屑
尸 + 肖

粉末状的细小东西

● "肖"字在小篆中的写法是"𦘒"，与"俏"是古今相通的字。"俏"是舞动的意思。人在跳舞时，动作会反复、频繁地变化；而那些粉末状的细小东西，也是又多又频繁地出现。

● 纸屑、头屑、不屑

chǐ

尺

尸+乀

计算长度的单位

● "尺"和"寸"都是计算长度的单位。不同的是，"寸"是指从手掌底端到手腕的距离，而"尺"则是指到手肘的距离，所以一尺大约有十寸的长度。为了区分两者的差异，"尺"的造字就往右一捺，而"寸"字是往左一点。

● 尺寸、尺子、戒尺

jú

局

尸+句

通"偏"字，狭小的；办理公务的政府机关

● "局"字上头的"尺"，形体是稍微变形的，下面加上了一个"口"。尺有规矩、法度之意，受到规矩、法度限制的口，便不能想说什么就说什么，所以"局"的本义就是促狭，有受到逼迫的意思。

● 局部、局长、书局、局面

尸

奇思妙想

你知道"大丈夫能屈能伸"这句话的意思吗？想一想，要怎样才能做到"屈伸自如"呢？

页 的 家族

"页"在甲骨文中画的是有一个大头的人，跟人体、头部有关的字，大多有一个"页"偏旁。

页

036

家族聚会

dǐng

顶
丁 + 页

（頂）
丁 + 頁

人体或物体最高的部位

● "丁"的甲骨文画的是一颗钉子的样子，有尖端的意思。在人或物体的尖端部位，就是指"顶"。

● 山顶、头顶、顶尖、顶多

yán

颜
彦 + 页

（顔）
彦 + 頁

面容

● "彦"有美好的意思，加上表示头部的"页"偏旁，便是指美好的容貌。

● 颜面、颜色、容颜、颜料

tí
题
是 + 頁

（题）

是 + 頁

额头；文章或一件事物的名称

- ● "题"本义是额头，"是"有平正的意思。额头以平正为美，而且额头是在头的最上部，因此又可以引申为一篇文章的名称，如题目。
- ● 题目、主题、题字

jiá
颊
夹 + 頁

（頰）

夹 + 頁

脸的两侧

- ● 这个字很有趣，在两旁把头夹起来的部位，当然就是脸颊啦！
- ● 脸颊、双颊、面颊

xū
须
彡 + 頁

（須）

彡 + 頁

通"鬚"（须）字，胡须

- ● "须"最早的意思是胡须，"彡"画的便是毛发的样子，长在脸颊两旁和下巴的毛发，就是胡须。
- ● 胡须、必须、须眉、触须

jǐng
颈
巠 + 頁

（頸）

巠 + 頁

脖子

- ● "巠"有直而长的意思，在头的下方直而长的部位，当然就是脖子了。
- ● 头颈、脖颈、长颈鹿

lǐng

领

令 + 页

（領）

令 + 頁

脖子

- ● "令"有美好的意思，脖子长在头的下方，是面对面时最容易看到的地方，以美好为贵。
- ● 衣领、领先、领带、领土、领会

shùn

顺

川 + 页

（順）

川 + 頁

从；如意、适合

- ● "川"是水流通畅的河。假如事事顺心如意，人的脸面纹路也会和顺。
- ● 顺利、顺从、顺风、顺便、顺序

sòng

颂

公 + 页

（頌）

公 + 頁

赞美

- ● "公"有公开、平正的意思。一个人站在公众面前，让大家公开欣赏他平正的面容，也表示他有值得人们称颂的事迹。
- ● 歌颂、赞颂、颂扬、颂歌

fán

烦

火 + 页

（煩）

火 + 頁

躁闷

- ● 火会产生热，而头遇到热就会产生烦躁不安的情绪。
- ● 烦恼、麻烦、心烦、烦闷

dùn
顿
屯 + 页

（**頓**）

屯 + 頁

暂停；次

● "屯"的本义是草木初生、屈曲不顺的样子，因此要钻出地面就会停顿、无法顺利生长。

● 停顿、顿时、困顿、安顿

pín
频
步 + 页

（**頻**）

步 + 頁

屡次

● "步"在这里是"涉"字的省略，加上"页"偏旁表示人要涉水，可是看到水流很急，因此十分犹豫，反复思考到底要不要过河？所以引申为屡次、频繁的意思。

● 频率、频繁、频道

kē
颗
果 + 页

（**顆**）

果 + 頁

计算圆形或粒状物的单位量词

● "果"是草木的果实，大多是圆形的，就像头的形状一样。"颗"字最先便是指圆形粒状的东西。

● 颗粒、一颗

gù
顾
厄 + 页

（**顧**）

雇 + 頁

看；关心

● "雇"是一种候鸟的名称，农夫看到这种候鸟飞来，就知道到了要开始辛勤耕种的时候了，所以"顾"又有关心的意思。

● 回顾、照顾、顾问、顾念

chàn

颤

亶 + 页

（顫）

亶 + 頁

抖动

● "亶"是指储藏很多谷物的谷仓，所以有"多"的意思，旁边加上"页"，表示头在摇的时候，次数若很频繁，就会产生一种头很多的错觉。

● 颤抖、颤动、发颤

奇思妙想

假如你像阿拉丁一样拥有一个可以许愿的神灯，你想许下哪三个愿望呢？为什么你想许下这三个愿望？

目 的 家族

"目"是眼睛，跟眼睛的构造、活动有关的字，大多有一个"目"偏旁，当作部首时也写成"罒"。

家族聚会

yǎn	视觉器官
眼 目 + 艮	● "艮"有彼此相对的意思。眼睛位于鼻梁的左右，位置也是彼此相对的。 ● 眼睛、眼神、眼色、眼镜

jīng	眼珠
睛 目 + 青	● "青"有美好的意思。眼睛是人的心灵之窗，眼珠清澈、看东西清楚明白，就是最美好的。 ● 眼睛、画龙点睛、定睛一看

móu	眼珠
眸 目 + 牟	● "牟"是牛的叫声。牛的眼睛圆而大，因此在"目"的旁边加上"牟"，特别指出是眼睛中那个圆而大的眼珠。 ● 眼眸、明眸皓齿、凝眸远望

kuàng

眶

目 + 匡

眼睛的四周

● "匡"是"筐"字最早的写法。"筐"是可以盛装物品的器具，而眼眶在眼睛的四周，也等于是把眼睛盛装在中间。

● 眼眶、热泪盈眶、夺眶而出

méi

眉

尸 + 目

眼上额下的细毛

● "尸"在甲骨文中画的就是眉毛的样子，下面再加上"目"，便是表明这是长在眼睛上方的毛。

● 眉毛、眉宇、眉目、画眉、书眉

zhēng

睁

目 + 争

（睜）

目 + 争

张开眼睛

● "争"有互相较量的意思。当人们碰到要互相较量的对手时，往往会睁大眼睛、怒目相视。

● 睁眼、睁眼瞎

pàn

盼

目 + 分

看；希望

● "分"有分别的意思。眼珠是黑白分明、不混淆的，人在看东西的时候，也要像黑白分明的眼珠一样，把东西看得清清楚楚。

● 期盼、盼望、左顾右盼

	视
kàn **看** 龵 + 目	● "龵"在甲骨文中画的是一只手的样子。把手举起来遮在眼睛的上方，就能看得更远。 ● 看见、看书、看望、好看、看法

	看见
dǔ **睹** 目 + 者	● "者"有表示其他东西的意思，要区分这样东西和其他东西的差别，当然就必须用眼睛来看啦！ ● 目睹、有目共睹、先睹为快、睹物思人

	察看
xiàng **相** 木 + 目	● 用眼睛看木头，便是要察看这块木头是不是可以拿来利用。 ● 相机行事、相机而动、相马

目

043

	察看；监管
dū **督** 叔 + 目	● "叔"是"朩"加"又"，表示用手拿着"朩"（一种豆类）。在拾取豆类时要察看清楚，避免捡拾了不好的豆子。 ● 监督、总督、督促、督抚

	看、注视
miáo **瞄** 目 + 苗	● "苗"在这里是"描"的意思，描绘东西的时候要专注，加上"目"偏旁，便是强调眼神专注地看东西。 ● 瞄准

dèng
瞪
目 + 登

不高兴地睁大眼睛看着

● "登"字有登高、登上之意。当人在瞪人时，眼球往往会往上翻。

● 瞪眼、瞪视、目瞪口呆

xuàn
眩
目 + 玄

眼睛昏花看不清楚

● "玄"有幽远、难以摸索的意思，加上"目"偏旁便表示看不清楚东西。

● 眩晕、头晕目眩、眩感

míng
瞑
目 + 冥

闭上眼睛；眼睛昏花

● "冥"有昏暗不明的意思，旁边再加上"目"，便表示眼睛昏花、看不清楚东西。

● 瞑目、瞑瞑

máng
盲
亡 + 目

眼睛看不见

● "亡"有失去的意思，眼睛失去视觉作用，便看不见东西了。

● 盲人、盲目、盲从、盲区

xiā
瞎
目 + 害

丧失视觉

● "害"有伤害的意思。眼睛受到伤害、失明了，便看不到东西了。

● 瞎吹、瞎跑、黑灯瞎火、瞎话

zhǎ
眨
目 + 乏

眼睛一开一闭

● "乏"的小篆写法和"正"字相反，这里表示"反"的意思。眼睛在正常状态下都是多开少闭的，现在不断地一开一闭，就表示违反常态。

● 眨眼

kē
瞌
目 + 盍

想睡觉的样子

● "盍"有覆盖的意思。当人想睡觉时，眼皮就会覆盖下来。

● 瞌睡、瞌睡虫

目

shuì
睡
目 + 垂

闭眼休息

● 人在睡觉的时候，眼皮会垂下来，所以在"目"的旁边加上"垂"，表示把眼皮垂下来休息了。

● 睡觉、睡眠、睡梦、入睡

mián
眠
目 + 民

睡觉

● "民"字在这里是"泯"的省略，有"昏"的意思。当人闭上眼睛睡觉时，就好像进入昏迷状态一样。

● 冬眠、失眠、长眠、安眠药

dùn
盾
厂 + 目

古代作战时，用来遮挡敌人攻击身体或眼睛的兵器

● "厂"在甲骨文中画的是盾牌侧面的样子，"十"是盾牌内部可以握的部分。士兵在作战的时候，常会手持盾牌遮挡敌人的刀枪，以保护身体或眼睛。

● 盾牌、后盾、银盾

xǐng
省
少 + 目

自我检讨；觉悟

● 眼睛注视的东西少，心就能更加专注，也更能深入地思考。

● 反省、省悟、省亲、省视

目
046

mù
睦
目 + 坴

和善

● "坴"在这里是"陸"（陆）的省略。"陆"是指高平的土地，引申有平顺的意思。人与人的目光平顺地接触，彼此便能和善相处。

● 和睦、睦邻、兄弟不睦

kuí
睽
目 + 癸

分离

● "癸"是一种有着三个尖刃的兵器，这三个尖刃各朝不同的方向，引申有分别、分离的意思，再加上"目"偏旁，表示分离时目送对方离去。

● 睽异、睽孤、众目睽睽

字圣讲堂

瞽瞍 "瞽"和"瞍"两字都是眼睛看不见东西的意思。古代有一位非常贤能的部落联盟首领叫做"舜",他的父亲对他很不好,好几次都想把舜杀死。当时人们对舜的父亲这种行为感到很厌恶,便称他为"瞽瞍",并不是说舜的父亲眼睛看不见,而是说舜的父亲不分辨是非好坏,跟瞎了眼是一样的。

奇思妙想

假如你有一个像"瞽瞍"一样的爸爸,有一天你跟同学玩球,同学不小心打碎了邻居家的玻璃窗,这时爸爸不但不相信你,反而听信别人的话要责罚你,你会怎样让爸爸相信你呢?

"耳"的家族

"耳"是耳朵，跟耳朵、听觉有关的字，大多有一个"耳"偏旁。

家族聚会

líng
聆
耳 + 令

听

● "令"有美好的意思。耳朵听到美好的音乐或言语，都会比较注意倾听。

● 聆听、聆取、聆教

liáo
聊
耳 + 卯

闲谈

● "卯"在小篆中画的是两个"户"相背，跟"門"（门）字的结构刚好相反，指打开着的门。把门打开，旁边再加上了"耳"，当然就是指串门儿、闲聊。

● 聊天、无聊、闲聊、百无聊赖

dān
耽
耳 + 尤

沉迷

● "尤"在这里是"沈"（沉）的省略。耳朵沉迷于倾听美好的声音，就是一种耽溺。

● 耽误、耽搁、耽乐、耽迷

耳

cōng
聪
耳＋总
（聰）
耳＋悤

视听灵通；智力高

● "悤"有迅速的意思。聪明的人大都反应迅速，对于听到的事情能够马上查知是否属实、并探测其中隐含的意思。

● 聪明、失聪、耳聪明目、聪慧

zhí
职
耳＋只
（職）
耳＋戠

管理执掌某件事

● "戠"在这里是"識"（识）的省略，有审查知晓的意思。管理执掌的人必须一接到上级的命令，就要审查知晓应该做什么事。

● 职务、职业、天职、职员

pìn
聘
耳＋粤

互相访问；请某人担任职务

● "粤"的本义是"侠"，也就是喜好济世救人的人。这种人会特别注意听闻哪里有需要帮助的人或事；而访问某人也是为了想知道更多的事，所以便在"耳"旁加"粤"来表示访问的意思。

● 聘书、聘礼、招聘、聘请

jù
聚
取＋乑

村落；群集

● "聚"的下面是三个"人"，而三人成"眾"（众），既然是很多人居住的地方，那就成为一个村落。村落里的每个人各司其职，便能制造出许多东西，所以要取用时，就不会匮乏啦！

● 聚会、聚合、聚集、凝聚

guō
聒
耳 + 舌

声音很吵闹、喧扰

● "耳"旁加一个舌头，便表示耳朵一直听到舌头在不停地动、讲话的声音。

● 聒噪、聒耳

gěng
耿
耳 + 火

内心不安；正直

● 耳朵听到火燃烧的声音，心中便会觉得不安而提高警惕。

● 耿直、耿介、耿耿于怀、忠心耿耿

lián
联
耳 + 关
（聯）
耳 + 䜌

人或事物连结在一起

● "䜌"在小篆中写的即是"絲"（丝），丝有并排、连绵不绝的意思，而耳朵长在两颊处，也有并排的意味。

● 联合、联盟、联想、对联

sǒng
耸
从 + 耳
（聳）
從 + 耳

高；畏惧

● "聳"的本义是指天生的聋人。他们听不到声音，所以要以眼睛代替耳朵，跟从他人的表情或指示做事。因为怕误解别人的意思，做错了事，因此常心怀恐惧。

● 耸立、高耸入云、耸动、耸人听闻

奇思妙想

你听过最美妙的声音是什么？为什么觉得它是最美妙的声音？

口 的 家 族

"口"是嘴巴，跟口腔器官、发音、说话、饮食有关的字，大多有一个"口"偏旁。

家族聚会

zuǐ
嘴
口 + 觜

口

● "觜"字是由"此"和"角"组成的，本义是指鸟嘴，因为鸟嘴是很坚硬的，就像动物的角一样。加上"口"偏旁，更有强调嘴巴的意味。

● 嘴巴、嘴快、张嘴、壶嘴儿

hǎn
喊
口 + 咸

大声呼叫

● "咸"有都、全的意思，加上"口"偏旁，表示喊叫时要使尽全力。

● 叫喊、喊叫、喊声、呐喊

jiào
叫
口 + 丩

呼喊

● "丩"是"纠"字最早的写法，有纠结、不中断的意思，加上"口"偏旁，表示呼喊者的声音悠长不断。

● 叫嚣、叫嚷、叫座、叫阵、叫好

zhào
召
刀 + 口

招来；呼唤

● "刀"字有锋利、快速的意思，张开口大声地呼喊人，有叫人赶紧过来的意味。

● 召见、召集、召唤、召开

gào
告
牛 + 口

说；宣布

● 牛不能讲话，所以要用角触动人的身体，有以角代替言语的意味，因此"告"就有说的意思。

● 告诉、告知、报告、自告奋勇

chàng
唱
口 + 昌

从口里发出歌声

● "昌"字有大的意思。而唱歌必须要张口大声地发出声音。

● 唱歌、唱功、唱和、唱诗班

cháo
嘲
口 + 朝

用言语取笑

● "朝"有向着某处的意思。取笑别人一定要有可供取笑的人或事，因此含有向着某人或事的意味。

● 嘲笑、嘲弄、冷嘲热讽

zào	
噪	
口 + 枭	

喧闹

● "枭"是由"品"和"木"组成的。"品"是指鸟群的口，因此"枭"便是指很多只鸟聚集在树上，加上"口"偏旁则是强调这些鸟一起张开嘴巴鸣叫，声音非常喧闹。

● 噪音、声名大噪、聒噪

jìn	
噤	
口 + 禁	

闭嘴

● "禁"含有禁止的意思，加上"口"偏旁便表示禁止张口，就是闭嘴的意思。

● 噤声、噤口、寒噤

口

míng	
名	
夕 + 口	

称号

● "夕"是夕阳。古时候，夕阳西下后，光线昏暗，景物难以辨识，因此要开口称呼自己或对方的名字来确认身份。

● 名字、名声、名分、名过其实

yù	
喻	
口 + 俞	

知晓、了解

● "俞"是一种中空的独木舟，而船是连接两岸的工具，加上"口"偏旁表示用言语使人了解，例如：比喻。

● 比喻、不言而喻、家喻户晓

kě
可
丁 + 口

同意

● "丁"在这里跟钉子完全无关，而是指人口中的气息平缓呼出的声音，因为当人在说"可"字时，声音便是平和、舒缓的。
● 可以、许可、认可、可怜、可口

tūn
吞
天 + 口

咽

● "天"有上的意思。人在吞咽食物的时候，往往是把嘴巴朝上、伸直脖子，以方便吞咽。
● 吞并、吞咽、吞蚀、狼吞虎咽、忍气吞声

jí
吉
士 + 口

美好的；顺利的

● "士"是指品学兼优、可以当作模范的人，由士人口中说出的话，当然是指美好的言语。
● 吉利、吉祥、凶吉、吉人天相、逢凶化吉

口

shì
嗜
口 + 耆

特别爱好

● "耆"是指耆老、年纪大的人。而口腹之欲是人类共通的欲望，年纪大的人对于饮食的爱好更是偏执。
● 嗜好、嗜酒

fǒu
否
不 + 口

不

● 这个字非常有趣，张口说不，就是否定、不同意的意思。
● 否认、否定、否则

ǒu
呕
口 + 区

| （**嘔**） |
| 口 + 區 |

吐

● "區"（区）的本义是把很多物品藏起来，这里取藏的意思，加上"口"偏旁，表示将原先藏在口中的食物吐出来。

● 呕吐、呕血、作呕

chī
吃
口 + 乞

言语结巴

● "乞"在古文中画的是云气弯曲上升的样子，因此有弯曲不能伸直的意思，加上"口"偏旁便表示说话不能顺畅，也就是口吃了。后来引申出用嘴吞嚼食物的意思，发"ch"音。

● 吃饭、吃药、吃惊、口吃

hán
含
今 + 口

把食物留在嘴里，不吞也不吐

● "今"字有现在、此刻的意思，加上"口"偏旁表示此刻嘴中有食物，既不吞咽也不吐出来。

● 包含、含羞、含苞待放、含饴弄孙

jiáo
嚼
口 + 爵

用牙齿咬烂食物

● "爵"是盛酒的器皿，加上"口"偏旁表示将食物放在嘴中，就像把酒放在爵中一样，而食物在嘴中就是要将它嚼烂吞咽下去。

● 细嚼慢咽、味同嚼蜡

xǐ
喜
壴 + 口

快乐、高兴

● "壴"是"鼓"字的最早写法。打鼓发出音乐，再张嘴配合音乐歌唱，心情便会非常愉悦。

● 喜欢、喜悦、喜庆、喜糖、喜剧

tǔ
吐
口 + 土

使东西或言语从嘴里出来

● "土"能生出万物，因此有出的意思，加上"口"偏旁便表示有东西从嘴里出来。

● 吞吐、吐痰、吐雾、吐故纳新

lìn
吝
文 + 口

舍不得；器量狭小

● "文"字有文饰、掩饰的意思。器量狭小的人在言语上一定会掩饰，因而会说出与真实情况不符合的话来。

● 吝惜、吝啬、悭吝

口

pēn
喷
口 + 贲
（噴）
口 + 賁

涌出

● "贲"有大的意思。当液体或气体受到过大的压力时，便会寻找裂口涌出，这种动作就是"喷"。

● 喷涌、喷发、井喷

xī
吸
口 + 及

把液体或气体经由口鼻引入体内

● "及"是从后面往前追赶，因此有迫近的意思。而将气体引入鼻内，也有以后气追迫前气的意味。

● 呼吸、吸气、吸引

chuī

吹

口 + 欠

合拢嘴唇用力出气

- 甲骨文的"欠"字，画的是气体从人身上飘出的样子，加上"口"偏旁表示这气体是由人的嘴里出去的。
- 吹牛、吹嘘、鼓吹、吹灯

yǎo

咬

口 + 交

用牙齿切断或夹住物体

- "交"有相交合的意思；而咬东西的时候，必须上下排牙齿互相交合。
- 咬合、咬定、咬人、咬紧牙关

tuò

唾

口 + 垂

口水；吐口水

- "垂"字有从上往下的意思；而口水在口中也是从上往下流的。
- 唾液、唾弃、唾沫

chuǎn

喘

口 + 耑

呼吸急促

- "耑"是草木向上生长的样子。人在喘气的时候，气体不断地由口中吐出，就像草木不停地往上生长一样。
- 喘气、喘息、咳喘、苟延残喘

sòu

嗽

口 + 欶

气管受到了刺激，急急吐气发出声音

- 气管受到了刺激，喉咙中的气必定急着吐出才会舒服。
- 咳嗽

hóu
喉
口 + 侯

位于颈项中部的发音器官

● "侯"在这里是指箭靶的中央，因此有居中、重要的意思；而"喉"上承咽头、下接气管，正处于发音器官中部的重要位置。

● 喉舌、喉头、咽喉

gǔ
古
十 + 口

过去久远的时代

● 古代印刷业不发达，很多事情要靠口耳相传，而经过多人相传的事情，一定是已经发生很久了，所以有年代久远的意思。

● 古代、古稀、古典、古训、古风

jūn
君
尹 + 口

一国之主；对人的尊称

● "尹"有治理的意思，加上"口"偏旁表示居高位者以口发号施令、治理国家。

● 君子、君主、国君、君临

hòu
后
厂 + 一 + 口

君主；君王的妻子

● "厂"是指涯边的高地，加上了"一"和"口"，表示此人站在涯边高地一呼百应；而此人既能号令四方，便是君主，后来"后"字多用来指称君王的妻子。

● 皇后、后来、后辈、后面

<table>
<tr><td>

zhé

哲

折 + 口

</td><td>

贤能、有智慧的人

● "折"有折服的意思，加上"口"偏旁指能以言语折服人，也就是有智慧的人。

● 哲学、哲理、先哲、哲人

</td><td></td></tr>
</table>

左的相对

yòu

右

ナ + 口

● "ナ"在古文中画的是手的形状，加上"口"偏旁表示以手助口，所以"右"的本义是帮助，跟"佑"字意思相同，后来被借去当作方位名称。

● 右手、右边、右派、左右

分别的；每个

gè

各

夂 + 口

● "夂"是指人的脚想走却受到阻碍不能走的意思，再加上"口"偏旁便表示言行不一。言语跟行为不能相合，因此有分别的意思。

● 各得其所、各有千秋、各尽所能

种类；等级

pǐn

品

口 + 口 + 口

● "口"在这里画的是东西的形状，跟嘴巴无关，而重复三个相同的符号便表示多的意思；因此"品"字便表示有众多不同种类、等级的东西摆放在一起。

● 产品、品种、品格、品评

qì
器
口 + 口 + 犬 + 口 + 口

用具的总称

● "口"在这里画的是东西的形状，而"犬"（狗）是擅长看守物品的动物；用狗来看守这些物品，被看守的物品就是"器"。

● 武器、器具、器官、器度、大器晚成

xiàng
向
宀 + 口

方位；朝着

● "口"在这里是指窗户，而"宀"是指人们所住的房子。古代的房子大多朝南边迎接太阳的暖气；而在房子北边的墙壁则留有窗户，以便空气流通。所以"向"字的本义就是朝北边的窗户，引申有方向、朝着的意思。

● 方向、向北、志向

奇思妙想

　　你知道向日葵的花为什么总是朝着太阳的方向转动吗？它是不是被巫婆下了咒语才会这样呢？

心 的 家 族

"心"是心脏，跟思想、感情、反应有关的字，大多有"心"作偏旁，当作部首时也写成"忄""㣺"。

家族聚会

xìng

性

忄 + 生

人或事物本身所具有的本质

● "生"有出生、生长的意思，再加上"心"偏旁表示人或事物具有的本质是天生的。

● 性格、性别、性质、性命

yì

意

音 + 心

心志、心里的想法

● "音"是声音，加上"心"偏旁便表示内心的声音，也就是人的心志趋向。

● 春意、意思、意见、意义、意外

zhì

志

士 + 心

心意、愿望

● "士"是有才德的人，加上"心"偏旁表示有才德的人的心愿趋向。

● 志向、志气、杂志、标志、志士

xiǎng
想
相 + 心

思考；念头

● "相"是由"木"和"目"组成，就是由眼睛来目测木头，所以有推测的意思，加上"心"偏旁表示用心去推测，也就是心中有了念头，开始思考。

● 思想、想法、想象、理想、想念

huái
怀
忄 + 不
（懷）
忄 + 褱

相信；胸前；隐藏

● "褱"的本义是窃盗、把偷来的东西藏在衣襟里，这里取藏的意思，加上"心"偏旁表示把思念藏在心中不想忘记。

● 怀抱、怀念、胸怀、怀古

gǎn
感
咸 + 心

内心受到触动

● "咸"有都、一致的意思。当人的心中有感觉的时候，通常是因为彼此一致的心理感受而产生共鸣。

● 感动、感情、感想、感恩

zhōng
忠
中 + 心

竭尽心力去做事、赤诚无私

● "中"有正中、不偏不倚的意思，加上"心"偏旁表示以正直不偏倚的心来待人处世。

● 忠诚、忠告、忠心、效忠

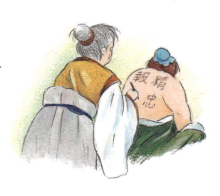

gōng
恭
共 + 小

敬

● "共"有一起、多人共同做一件事的意思，而多人相处时为了避免冲突，便需要自我约束、彼此互敬。

● 恭敬、恭维、恭贺、洗耳恭听

tì
悌
忄 + 弟

兄弟友爱

● "弟"有次第的意思，加上"心"偏旁表示把兄弟之间的次第放在心上，弟弟必须对兄长恭顺，兄长也必须爱护弟弟。

● 孝悌、悌友

kuài
快
忄 + 夬

喜悦；迅速

● "夬"的本义是手持已射出箭的弓，而箭射出后的前进速度很快，加上"心"偏旁表示热情奔放、心情愉悦。

● 快车、快速、爽快、快乐

yí
怡
忄 + 台

愉快

● "台"字的本义就是笑口常开，加上了"心"偏旁表示这愉悦的感觉是从心底发出来的。

● 怡和、怡悦、怡神、心旷神怡

yú
愉
忄 + 俞

喜悦

● "俞"是指天然的独木舟，可作船使用。无论是荡舟涉水或泛舟戏水，都令人心旷神怡，产生一种愉悦的感觉。

● 愉快、愉悦、欢愉、不愉之色

yuè
悦
忄 + 兑

快乐

● "兑"字的本义就是指一个人笑开了口，加上"心"偏旁便表示这种快乐的感觉是从心底发出来的。

● 喜悦、赏心悦目、悦耳、和颜悦色

sī
思
田 + 心

想；惦念

● "田"在这里是"囟"的意思，指的是头盖骨，跟田地毫无关系。而头是人类思考、记忆的器官，加上"心"偏旁则表示用心思考、惦念的意思。

● 思想、思念、相思、思索、构思

niàn
念
今 + 心

惦记、怀想

● "今"有现在、此刻之意，加上"心"偏旁表示时时刻刻放在心上。

● 念头、怀念、念旧、念经

yì
忆
忄 + 乙
（憶）
忄 + 意

想念；记住

● "意"是人的心志趋向，加上"心"偏旁则强调非常专心一致地念念不忘，也就是想念。

● 回忆、追忆、记忆

xuán
悬
县+心
（懸）
縣+心

挂、系

● "县"的本义是头朝下倒着用绳索系住的意思，加上"心"偏旁表示将念头一直系在心上。

● 悬念、悬崖、悬挂、悬赏

xī
惜
忄+昔

爱怜；哀痛

● "昔"字有已往、往昔的意思。而人是最容易对已经逝去的人或事物感到哀伤和怀念的。

● 爱惜、怜惜、可惜、惜别

héng
恒
忄+亘

长久不变

● "亘"是指时间从这端到那端，因此有时间长久的意思，加上"心"偏旁表示长时间放在心中，也就是长久不变。

● 恒心、恒久、恒言、永恒、恒星

guàn
惯
忄+贯
（慣）
忄+貫

积习成自然

● "贯"（貫）的本义原是古代串钱贝的绳索，所以有循序串物的意思，再加上"心"偏旁表示心怀旧习，不假思索就会循着旧习来处理。

● 习惯、惯性、娇惯、惯例

心

067

ēn

恩

因 + 心

自己给别人或别人给自己的德惠

● "因"字有因缘、亲爱的意思，再加上"心"偏旁表示以仁爱之心去待人，则情谊必然会深厚，德惠也容易施加给别人。

● 恩典、感恩、恩德、开恩、恩爱

huì

惠

叀 + 心

恩德

● "叀"在这里是"專"（专）的意思，指专心一致，加上"心"偏旁，便表示只有专一才能产生爱人如己的心意，也才能施恩德给别人。

● 恩惠、惠泽、实惠、惠存

cí

慈

兹 + 心

爱

● "兹"是草木旺盛、苗壮成长的样子，因此有养育的意思，而父母养育儿女的心也像天地生长草木一样，都是给予全心全意的照顾。

● 慈祥、仁慈、慈爱、慈善

yì

懿

壹 + 次 + 心

美好的

● "心"是指人先天的禀赋；"次"是指后天的自我约束；"壹"有专一不二的意思。因此，"懿"即是发挥先天的禀赋，并加强自我约束，专心致志地实现自己的理想，这便是非常美好的。

● 懿旨、懿行、懿德

wèi
慰
尉 + 心

使人安心

● "尉"是"熨"字最早的写法，本义是用手拿着装有热炭的铁器熨衣服，有熨平的意思。而安慰人、使人安心，也像拿熨斗熨衣服一样，都有一种平坦、舒适的效果。

● 安慰、慰问、慰劳、欣慰

qià
恰
忄 + 合

适当

● 这个字很有趣，合了心意，当然就是最适当的。

● 恰巧、恰当、恰切、恰好

shèn
慎
忄 + 真

小心

● "真"有诚实无欺的意思，加上"心"偏旁表示秉着诚心做事，也就是要仔细、小心地做事。

● 谨慎、慎重、慎言

心

xī
悉
采 + 心

详尽；知道

● "采"在古文中画的是鸟兽趾爪分明的样子，因此有容易辨别、明确的意思。而古人认为心能够思考，所以"悉"就有分辨得很详尽的意思。

● 熟悉、获悉、悉心

dǒng
懂
忄 + 董

明白、知道

● "董"字含有督正的意思，加上"心"偏旁表示心中对于整体情况已经有了正确的了解。

● 懂事、懂得、懵懂

wù
悟
忄 + 吾

明白；启发

● "吾"是我，加上"心"偏旁，表示万事万物的道理必须由我心中彻底了解，才能算是真正的明白。

● 觉悟、感悟、悟性、大彻大悟

huì
慧
彗 + 心

聪明

● "彗"是"⺕"和"⺕"组成。"⺕"在古文中画的是扫帚的样子，"⺕"是指手，所以，"彗"是指用手拿扫帚清除污秽，加上"心"偏旁便表示时时清扫内心的污秽、杂念，心思便会清明、通透。

● 智慧、聪慧、慧心

tài
态
太 + 心
（態）
能 + 心

形状、样子

● "能"有才智与才干的意思。当人内心具有某种强大的力量时，往往会通过外在的神情举止展现出来。

● 态度、神态、状态、生态

shù
恕
如 + 心

原谅

● "恕"的本义是推己及人，"如"有如同的意思，再加上"心"偏旁表示对待别人就如同对待自己一样，要为别人设身处地去想。

● 宽恕、恕罪、饶恕

rěn
忍
刃 + 心

勉强承受、包容

● "刃"是刀刃，是刀子最为锋利的地方。"忍"就像将锋利的刀刃插入自己的心窝，再痛苦也要咬牙承受。

● 忍心、忍让、忍耐、容忍、残忍

lǎn
懒
忄 + 赖

（懒）

忄 + 赖

不勤劳

● "赖"有抵赖的意思，当人不想勤劳做事时，心中时常会出现想要抵赖的念头或借口。

● 懒汉、懒散、懒洋洋、伸懒腰

xiè
懈
忄 + 解

疏忽；怠惰

● "解"有分散的意思，再加上"心"偏旁表示意志涣散、行为散漫。

● 松懈、懈怠、懈气、无懈可击

hū

忽

勿 + 心

不留心、不关心

● "勿"的古文画的就像一根旗杆上有三面随风飘扬的旗子，这里取用飘扬难停止的意思，加上"心"偏旁便表示漫不经心、不留心。

● 忽然、忽视、忽略、玩忽职守

huǎng

恍

忄 + 光

突然之间明白的样子；神志不清的样子

● "光"有光明的意思，心中突然出现光明，也就是领悟了解了。古代使用烛火，烛火容易因风吹而摇动，这里取摇摆不定的意思，加上"心"偏旁表示心神不定。

● 恍然、恍惚、恍然大悟

心

072

hū

惚

忄 + 忽

记忆不清、看不真切

● "忽"有漫不经心的意思，加上"心"偏旁则强调人的心神飘忽，对于记忆中或看到的人和事物都不是很用心，所以会记忆不清、看不真切。

● 恍惚

wàng

忘

亡 + 心

不记得

● 古人认为心能思考和记忆，所以亡失了心就是不记得了。

● 忘记、忘怀、忘我、忘乎所以

máng
忙
忄 + 亡

急迫；工作繁多没有空闲

● 这个字跟"忘"字一样都是由"心"和"亡"组成的，但是"忙"的心是竖起来站在一旁的，表示心旦感到紧张、心神不定，言行便会很仓促，容易给人若有所失的感觉。

● 忙碌、忙活、不慌不忙、手忙脚乱

qiǎo
悄
忄 + 肖

静寂；忧愁

● "肖"是由"小"和"月"组成，本义是指有血缘的骨肉之间，形貌虽相似，但仍有些微差别，这里取些微、小的意思，加上"心"偏旁便表示心中有忧愁，心脏就会束缩作痛，而束缩便有小的意思。

● 悄寂、悄然落泪、悄声

心

073

chóu
愁
秋 + 心

忧虑

● 秋天是草木开始凋零的季节，因此人们容易触景生情，产生忧虑和感伤的情绪。

● 忧愁、愁苦、愁闷、发愁

tǎn
忐
上 + 心

心神不定

● 这个字要跟"忑"合起来看才比较容易理解，"忐忑"就是指心里七上八下的，所以就有心神不定的意思。

● 忐忑

huò
惑
或 + 心

迷乱；怀疑

● "或"有不一定的意思，加上"心"偏旁表示心无主见，而心无主见就容易对事物感到迷乱或怀疑。

● 困惑、迷惑、惶惑、蛊惑

huāng
慌
忄 + 荒

因急迫而忙乱；惊恐

● "荒"是杂草满地，有杂乱的意思，加上"心"偏旁表示内心被杂念迷惑，就像土地被杂草掩埋一样。

● 慌张、慌忙、慌乱、心慌、惊慌

qiáo
憔
忄 + 焦

瘦弱；困苦；忧虑

● "焦"是指鸟被火烧得干枯，加上"心"偏旁表示内心因为忧虑或困苦而枯竭，就像被火烧过的鸟一样。

● 憔悴

cuì
悴
忄 + 卒

衰弱；忧伤

● "卒"在古代是指服杂役的罪人，常会为了罪刑和服役而感到忧愁，加上"心"偏旁，强调忧愁的感觉是缘于内心的。

● 憔悴、悴容

bèi
惫
备＋心
（憊）
備＋心

极度疲倦

● "备"有完备、周到的意思。而为人处世过分周到完备，心里便容易感到极度疲倦。

● 疲惫、惫懒、惫乏

yú
愚
禺＋心

不聪明

● "禺"的本义是猴子，而猴子的外形虽然像人，智力却比人差。古人认为心具有思考能力，因此"愚"字便指反应迟钝、智力比一般人差的人。

● 愚蠢、愚昧、愚弄

qiè
怯
忄＋去

胆小害怕

● "去"有逃避的意思，加上"心"偏旁表示内心产生逃避的想法，也就是胆小、害怕面对现实。

● 胆怯、怯场、怯弱、羞怯

pà
怕
忄＋白

畏惧

● "白"在这里是"迫"的意思，有逼迫、胁迫的意思。当心受到胁迫时，便容易产生恐惧的情绪。

● 害怕、可怕、惧怕、恐怕

huáng
惶
忄＋皇

害怕

● "皇"是古代的君主。臣子在拜见君主时，心中通常都是十分恐惧的。

● 惶惶、惶惑、惊惶不安

kǒng
恐
巩+心

畏惧

● "巩"有拥抱的意思。当人害怕时，特别需要旁边有人可以拥抱，给予支持和勇气。

● 惊恐、恐怕、恐怖、恐吓

jù
惧
忄+具
（懼）
忄+瞿

害怕

● "瞿"是指一种目光凶狠的鸟。当人受到凶狠的目光注视时，心中会产生害怕的感觉。

● 恐惧、惊惧、惧怕

chù
怵
忄+术

惧怕

● "术"是一种野生的苦草，可以当作药物使用。因为味道很苦，所以人们都很惧怕服用这味药，这里取用惧怕的意思，加上"心"偏旁表示这种惧怕感是由心里所发出的。

● 怵惕、怵场、怵头

hàn
悍
忄+旱

勇敢；凶暴

● "旱"是由"日"和"干"组成的，表示强烈的阳光把东西都晒干了，这里取用强烈、猛烈的意思，加上"心"偏旁便表示这个人的意志坚强，能够无所畏惧。

● 强悍、悍勇、凶悍、悍匪

huàn
患
串 + 心

灾祸

● "串"有穿过的意思，加上"心"偏旁表示心被愁思穿过，也就是大难临头了。

● 忧患、患病、隐患、祸患

cǎn
惨
忄 + 参
（慘）
忄 + 參

狠毒；悲痛

● "参"就是俗称的"白虎星"，是由三颗主星并列，因此有合并、多的意思，加上"心"偏旁表示想毒虐他人的人，一定会想很多种方法折磨人，让受虐者感到万般痛苦。

● 悲惨、惨烈、惨淡、惨不忍睹

心

077

kāng
慷
忄 + 康

意气激昂；不吝啬

● "康"有饱满、充实的意思，加上"心"偏旁表示内心充满蓄势待发的意气，也就是意气激昂了。

● 慷慨、慷慨解囊、慷慨激昂

kǎi
慨
忄 + 既

因不得志而激愤

● "既"的本义是看着吃饭的器皿叹息，引申有不得志的意思，而不得志的人心里常常满含悲愤。

● 愤慨、感慨、慨叹

怪 guài

怪 忄 + 圣

奇异；责备

● "圣"是由"又"（手）和"土"组成的，就是用手拿土，指在土地上播种或建造房子，加上"心"偏旁表示做这些工作时特别需要运用心思，以求改良，而不知情的外人见了他们专注思考的神情，便容易产生奇异的感觉。

● 奇怪、怪物、妖怪、怪罪

怨 yuàn

怨 夗 + 心

仇恨；责怪

● "夗"有弯曲不得伸直的意思，加上了"心"偏旁表示心意难伸、怀有不满。

● 恩怨、宿怨、抱怨、怨言

恼 nǎo

恼 忄 + 𡿺

（惱）

惱 忄 + 䐃

生气

● 这个字用成语"怒发冲冠"来解释更容易理解，"恼"（惱）字就是指人心里生气，气得头发都竖起来了。"䐃"的"囟"是指头盖骨，上面的"巛"是指头顶上的三根毛发了，而重复三个相同的符号有表示多的意思，因此那三根毛发事实上是指很多头发。

● 气恼、恼怒、恼火

fèn
愤
忄 + 贲
（憤）
忄 + 貴

生气；怨恨

● "贲"字是由"卉"（花卉）和"贝"组成，有装饰华丽的意思，而可以装饰华丽的人通常也是多金的人，人多金就容易骄纵、盛气凌人，因此脾气也容易爆发出来。

● 愤怒、气愤、悲愤、公愤

fèn
忿
分 + 心

怒

● "分"有别的意思，凡是对事物过分地加以分别，便会枝节横生，惹来麻烦。

● 忿忿、不忿

nù
怒
奴 + 心

生气

● "奴"是指奴隶或奴婢，这些人每天要操持许多杂务，也容易受到责骂或鞭打，因此心中常怀有怨恨，心情自然就不好了。

● 怒视、怒骂、息怒、心花怒放

jì
忌
己 + 心

憎恶

● 凡事都以自我为中心，见不得别人比自己好，这样就容易产生嫉妒、憎恶别人的情绪。

● 猜忌、忌妒、顾忌、禁忌

hèn
恨
忄 + 艮

怨愤

● "艮"最早的写法是由"目"和"匕"组成的，因此有拿着匕首怒目相视、彼此不合的意思，加上"心"偏旁则表示心中充满怨愤、不能容人。

● 仇恨、痛恨、悔恨

huǐ
悔
忄 + 每

事后追恨；改正过失

● "每"的本义是指草不断地往上生长。当人做错了事、事后追恨时，心中会不断地浮现自责的念头，就像不断往上生长的草一样。

● 后悔、悔意、悔改、悔悟

hàn
憾
忄 + 感

悔恨失望、心中感到不满意

● "感"是内心受到触动，加上"心"偏旁，便表示这种触动的感觉一直萦绕在心中。而悔恨、失望、不满等情绪会比愉悦的情绪更容易萦绕在心中。

● 遗憾、憾事、缺憾、抱憾终生

kuì
愧
忄 + 鬼

羞惭

● 此字很有趣，心中有鬼，就是为自己所做的错事感到羞惭和难为情。

● 惭愧、愧疚、羞愧

lián

怜

忄 + 令

（憐）

忄 + 粦

哀悯；爱惜

● "粦"是"燐"（磷）最早的写法，本义是指战场上的鬼火。而鬼火是尸体产生的磷化氢气体在空气中因氧化燃烧而成，因为常出现在暴露野外的尸骨旁边，便有了"鬼火"的称呼，加上"心"偏旁则表示当人看到磷火时，

便会想到在战争或灾难中死去的人，因而产生哀悯之情。

● 可怜、怜惜、怜悯、爱怜

bēi

悲

非 + 心

伤心

● "非"含有相背的意思。在遇到与自己愿望相背的情况时，我们往往会感到伤心难过。

● 悲伤、悲哀、悲切、悲剧、悲天悯人

tòng

恸

忄 + 动

（慟）

忄 + 動

过度悲伤

● "動"（动）是有所作为的意思，加上"心"偏旁表示心随外界的重大变故而剧烈跳动。当人突然遇到重大变故时，情绪一时难以控制，常会过度悲伤。

● 恸哭、大恸

dài
怠
台 + 心

懒散

● 这个字和"怡"一样，都是由"心"和"台"组成的，但是意思却不同。"怡"是指喜悦；"怠"则指好逸恶劳是一般人所共同喜好的，所以取用好逸恶劳、懒散为"怠"字所表示的意思。

● 怠工、倦怠、怠慢、懈怠

màn
慢
忄 + 曼

怠惰；迟缓

● "曼"有延长的意思。遇到事情便拖延处理，时间久了，心态上就会产生怠惰的倾向。

● 缓慢、傲慢、慢性、慢吞吞

zì
恣
次 + 心

任性而放肆

● "次"有次等、较劣等的意思；而不顾他人、随心所欲的行为，是古人最看不起的，这也是比较差的品行。

● 恣意、恣行无忌

è
恶
亚 + 心

坏；过失；凶狠

● "亚"字在古文中画的是一个人鸡胸驼背的样子，有丑的意思，加上"心"偏旁便表示人们认为有心犯下的过失，是一种不可被原谅的丑行。

● 凶恶、恶劣、丑恶、恶霸

shì **恃** 忄 + 寺	**依赖、依靠** ● "寺"是古代官员办公、民众申诉冤屈的地方，因此对官员或民众来说，都是心中可以倚仗的地方。 ● 恃才傲物、有恃无恐
huī **恢** 忄 + 灰	**广大；回复原状** ● "灰"是指草木燃烧后的余烬，很容易随风飘扬、扩散到四处，这里取用扩散的意思，加上"心"偏旁表心胸宽广。 ● 恢复、恢弘
xī **息** 自 + 心	**鼻子呼吸的气** ● "自"在古文中画的是鼻子的形状，因为人称自己时常指着自己的鼻子，所以后来"自"字就多用来指自己了，不过在这里我们还是要用"鼻子"这个最原始的意思。古人认为心脏跳动不止是跟呼气、吸气有关系，所以由"自"和"心"组成的"息"字，就用来表示鼻子呼吸的气。 ● 叹息、喘息、休息、消息、利息
yōu **悠** 攸 + 心	**远、长久** ● "攸"的本义是指人手持木杖，在水中顺着水流的方向行走，因此有顺畅、长远的意思，加上"心"偏旁表示思虑长远。 ● 悠久、悠远、悠扬、悠闲

奇思妙想

当我们想念一个人的时候，心里会有一种特别的感觉，那么，到底是脑子在想？还是心在想呢？

手的家族

　　"手"是人体的上肢，跟手的构造、活动有关系的字，大多有一个"手"偏旁，当作部首时也写成"扌"。

家族聚会

zhǐ
指
扌 + 旨

手掌前端分叉、可以拿取东西的部位；用尖端对着

● "旨"含有甘旨、美味的意思。古人在没有发明筷子前，都是用五指抓取食物来吃，因此手指便成了能够协助品尝美食的重要工具。

● 手指、指甲、指出、指挥、指正

quán
拳
关 + 手

五指弯曲向掌心握拢

● "关"是指用两只手将物体撕裂，因此有侵袭的意思，加上"手"偏旁，表示将五指握紧，准备打击物体。

● 拳头、打拳、拳脚

wò 握 扌 + 屋	**手指合拢起来拿东西**
	● "屋"是人居住的地方，有容人在内的意思，而将手指合拢起来拿东西，也有容物在内的意思。
	● 握手、掌握、握笔、把握

dǎ 打 扌 + 丁	**敲击**
	● "丁"是"钉"字最早的写法，而要把钉子钉入物体内，必须用手用力敲击。
	● 打击、攻打、打架、打鼓、打雷

qiǎng 抢 扌 + 仓 （搶） 扌 + 倉	**抢夺**
	● "倉"（仓）有仓促的意思。动手抢夺别人的东西，一定是趁人不备之时，所以行动必然会仓促。
	● 抢夺、争抢、抢先、抢占

zhá 扎 扌 + 乚	**很勉强地支撑或抵抗**
	● "乚"表示的是春天时草木的种子刚发芽、弯曲且勉强突出地面的样子，加上"手"偏旁表示伸手去辅助，使它能长出来。
	● 扎挣

kàng 抗 扌 + 亢	**抵御、不接受**
	● "亢"字的本义是指人的颈项，上承头颅、下接胸脯，引申有承担的意思，加上"手"偏旁表示用手去承担，抵御敌人的侵扰。
	● 抗争、反抗、抗议、抗命

zhèng
挣
扌 + 争
（挣）
扌 + 爭

用力支撑或摆脱

- "争"有竞争、一较高下的意思。而两相较劲的时候，一定会有胜败，此时落败的一方一定会用力支撑或是摆脱袭击。
- 挣脱、挣钱、挣开

jù
拒
扌 + 巨

抵御、不接受

- "巨"是"矩"字最早的写法，"矩"是一种画方形的工具，引申有规矩、限定的意思，加上"手"偏旁表示用手来限定，不准随心所欲。
- 抗拒、拒绝、来者不拒

hàn
捍
扌 + 旱

防卫

- "旱"是由"日"和"干"组成的，表示强烈的阳光把东西都晒干了，这里取强烈的意思，加上"手"偏旁表示防卫的心态和行动也要强烈，不能退缩。
- 捍卫、捍御

pěng
捧
扌 + 奉

用两只手托着

- "奉"字在古文中画的就是用两只手恭敬地托着东西，加上"手"偏旁则强调是用手托着。
- 捧心、捧读、捧腹大笑

手

据（據）

jù

扌+居

扌+豦

凭借；依靠

● "豦"是由"虍"（指"虎"）和"豕"（指"猪"）组成的，表示两兽各有凭借、互相咬斗的意思，加上"手"偏旁则表示有所执持、依靠，不畏惧来犯者。

● 据点、依据、据称

托

tuō

扌+乇

用手承举器物

● "乇"在古文中画的是植物的茎承托着叶子，这里取用承托的意思，加上"手"偏旁表示用手承托着器物。

● 托举、衬托、推脱

接

jiē

扌+妾

联结；收受；招待

● "妾"是身份卑微的女人，常常需要从事烦琐的劳役，因此与他人接触得也比较多，加上"手"偏旁表示常从他人的手上收受物品，或是表示招待他人。

● 接合、接受、接待、接力

扛

káng

扌+工

把东西放在肩上举着

● 把"工"转个九十度来看，像不像一根扁担的两端挂着东西？加上"手"偏旁表示将扁担放在肩上举着。

● 扛枪、扛大梁、扛活

fú **扶** 扌 + 夫	**用手相助** ● "夫"是指已成年的男子，而男子在成年后不管体力或智力都有增进，可以辅助他人，这里取用辅助的意思，再加上"手"偏旁表示用手辅助、帮助他人。 ● 扶住、扶梯、搀扶
zhěng **拯** 扌 + 丞	**救、援助** ● "丞"是古代辅佐帝王的高官，这里取用辅助的意思，加上"手"偏旁表示伸手辅助，让陷于险境的人脱离危险。 ● 拯救

lā **拉** 扌 + 立	**牵引** ● "立"在甲骨文中画的是一个人正面打开双脚稳稳地站在地上的样子，而要伸手去拉人或物体，必须先让自己站稳双脚。 ● 拉车、拉拢、拉琴、拉扯

bá **拔** 扌 + 犮	**拉起；抽出** ● "犮"是犬（指"狗"）在跑的样子。狗是很擅长奔跑的动物，奔跑的速度也很快，而将东西拔出时也要快速，所以在这里取用"犮"的快速之意。 ● 拔草、拔河、拔苗助长、挺拔、提拔

shí
拾
扌 + 合

捡取

● "合"有聚合的意思。用手捡取东西，就等于让手与东西相聚合。

● 拾取、收拾、拾遗

ná
拿
合 + 手

用手握或取

● "拿"和"拾"一样，都是由"合"和"手"组成，但是意思稍微不同，"拾"比较强调捡取的动作，而"拿"则强调将物体握在手中。

● 拿笔、拿手、拿捏、擒拿

niǔ
扭
扌 + 丑

手握东西用力旋转

● "丑"在古文中画的就是一只手拿着丝绳转紧的样子，加上"手"偏旁便强调是用手将东西转紧。

● 扭头、扭动、扭捏、扭打

bǎ
把
扌 + 巴

握住

● "巴"在古文中画的是一条蛇的样子；而抓蛇时必须握紧他的头颈，所以"把"的本义就是用手握紧物体。

● 把玩、把守、车把、把握

niē
捏
扌 + 昆

抓紧

● "昆"是由"日"和"土"组成，太阳把土壤里的水分蒸发了，会令土壤更密实，而用手捏东西也是要使东西更加密实。

● 捏弄、捏面人、捏造

cāo
操
扌 + 喿

握、把持

● "喿"的本义是指很多只鸟聚集在树上张嘴鸣叫，有倾尽全力鸣叫之意，这里取用倾尽全力的意思，加上"手"偏旁便表示倾尽全力地用手把持、握住。

● 操刀、操办、操场、操守

chí
持
扌 + 寺

掌握

● "寺"的本义是指古代的官府，也就是处理政事的地方，加上"手"偏旁表示诸事皆在官署的掌握和掌控之中。

● 持枪、坚持、支持、主持

tí
提
扌 + 是

垂手拿东西

● "是"有实的意思。用手提拿东西时，这东西必须是实物才有办法提拿。

● 提灯、提包、提醒、提货

bā
扒
扌 + 八

用手拨动

● "八"有分开、分别之意，加上"手"偏旁表示用手把物体拨开。

● 扒车、扒坑、扒皮、扒拉

tuò

拓

扌 + 石

开垦；扩张

● 把挡在面前、阻碍行进的石头推开，就是要使路面宽广，可以顺畅地前进。

● 开拓、拓展、拓宽

jiǎn

捡

扌 + 佥

（撿）

扌 + 僉

拾取

● "佥"有皆、一同的意思，加上"手"偏旁表示把散落在地上的东西拾取起来，使东西可以聚合在一起。

● 捡球、捡拾、捡漏

shòu

授

扌 + 受

给予

● "受"字有接受的意思，加上"手"偏旁表示甲将东西拿给乙，而乙伸手接受。

● 授予、授命、授意、授业

yōng

拥

扌 + 用

（擁）

扌 + 雍

抱

● "雍"有雍和、和睦、和谐的意思。用手拥抱他人，便传达了希望和睦的心意。

● 拥抱、拥护、拥挤、拥有

bào

抱

扌 + 包

用手臂围住

● 这个字一看便很容易理解，用手臂把物体包围起来，就是"抱"。

● 合抱、怀抱、抱养、抱负、抱歉

tiāo **挑** 扌 + 兆	**选取** ● "兆"的本义是指占卜时灼伤龟甲来判断吉凶，以便趋吉避凶，因此有择取的意味，加上"手"偏旁表示用手择取。 ● 挑水、挑选、挑剔、挑夫
pī **披** 扌 + 皮	**打开** ● "皮"是从动物身上剥下的兽革，因此有离开动物身体的意味，在这里我们取用离开的意思，加上"手"偏旁表示用手将物体被掩盖住的部分分离，让它清晰地显露出来。 ● 披露、披阅、披甲
pái **排** 扌 + 非	**推开** ● "非"字有相背的意思，加上"手"偏旁表示用手将物体向左右推开，使被推开的两方位置相背。 ● 排水、排外、排斥、排队
wā **挖** 扌 + 宮	**掘；用手或工具向深处去掏** ● "宮"是由"穴"和"乙"组成的。"乙"字在古文中画的就是一只鸟的简笔画，因此"宮"的本义便是鸟巢，再加上"手"偏旁则表示伸手向内作掏掘的动作，就像是从鸟巢里掏东西一样。 ● 挖掘、挖空心思、挖墙脚

jué

掘

扌 + 屈

挖凿

- "屈"有弯曲的意思。当人手拿工具进行挖凿时，身体常是弯曲的。
- 掘土、掘井、发觉、挖掘

kuò

扩

扌 + 广

（擴）

扌 + 廣

放大

- "廣"（广）字有大、宽阔之意。用手把小的物体张开变大，便是"擴"（扩）。
- 扩大、扩展、扩张、扩军

bō

播

扌 + 番

种植；散布

- "番"的本义是指兽类的爪掌，兽的爪掌走过地面通常会留下痕迹，这里取用留下痕迹的意思；而种植时将种子或秧苗种到田里，要先挖小坑，也非常容易留下种植过的痕迹。
- 播种、春播、播放、广播

sǎ

撒

扌 + 散

散布

- "散"有分散的意思。用手撒东西，就是要使东西分散、广布。
- 播撒、撒网、撒气、撒娇

tāo

掏

扌 + 匋

挖；伸手探取

- "匋"是一种瓦器。将手伸入瓦器里，便有探取东西的意思。
- 掏钱、掏洞、掏腰包、掏心窝

tuī
推
扌＋隹

从后面用力使物体向前移

● "推"的本义是排，也就是用手推开物体、使它离开原来的位置；"隹"是短尾鸟，性喜向外飞翔，这里取用向外、离开原来位置的意思。

● 推车、推到、推土、推动、推拿

lāo
捞
扌＋劳

（捞）
扌＋勞

把物体从水里拿出来

● "劳"有劳力的意思。从水里取出物体，比从地面上拿取物体花费的力气要大。

● 捞取、打捞、大海捞针

chōu
抽
扌＋由

引出；拔出

● "由"含有从的意思。用手顺着物体前进的方向将它引出来，就是"抽"。

● 抽芽、抽出、抽签、抽搐

chě
扯
扌＋止

撕、裂开

● "止"在古文中画的是脚趾的样子。用手把物品撕裂，情形就像是五趾分开的脚趾一样。

● 拉扯、扯破、牵扯、扯谎

àn
按
扌＋安

用手往下压

● "安"含有安定、稳定的意思。而把物体往下压，物体越低，稳定性就越高。

● 按钮、按摩、按压、按说

<table>
<tr>
<td>

chā

插

扌 + 臿

</td>
<td colspan="2">

刺进去

● "臿"是由"干"和"臼"组成的，本义是指拿着杵不停地舂着放有稻谷的臼，因此有刺入的意思，加上"手"偏旁表示是用手来执行刺入的动作。

● 插花、插座、插秧、插班、插图

</td>
</tr>
</table>

<table>
<tr>
<td>

zhuā

抓

扌 + 爪

</td>
<td>

用指甲搔

● "爪"是鸟兽的指爪。人搔痒时，手指会张开略弯，就像鸟兽的爪子一样。

● 抓挠、抓痒、抓贼、抓药

</td>
<td>

</td>
</tr>
</table>

<table>
<tr>
<td>

sāo

搔

扌 + 蚤

</td>
<td>

抓

● "蚤"是一种能在人身上爬行、会咬人的小虫。当人感觉到小虫造成的痛痒时，常会伸手去抓小虫或是被小虫咬过的部位。

● 搔痒、搔头、搔首弄姿

</td>
</tr>
</table>

<table>
<tr>
<td>

dǒu

抖

扌 + 斗

</td>
<td>

颤动

● "斗"在这里是指星斗。因为受到空气流动的影响，所以星斗看起来都是闪动、颤动的，这里取用颤动的意思，加上"手"偏旁表示手的颤动。

● 抖动、发抖、抖擞、颤抖

</td>
</tr>
</table>

kòu
扣
扌 + 口

关合；覆盖

● 这个字很有趣，用手把有开口的东西关合起来或是覆盖住，就是"扣"。

● 扣住、衣扣、绳扣、扣押

yáo
摇
扌 + 䍃

摆动

● "䍃"是由"爫"（表示抓持）和"缶"（陶器）组成，表示手持陶胚转动陶轮。后加上"手"偏旁，另造"摇"字代替。

● 摇摆、摇晃、摇篮、动摇

hàn
撼
扌 + 感

摇动

● "感"有感应的意思。物体受到摇动的时候，必然会有反应或感应。

● 撼动、震撼、撼天动地

097

cuò
挫
扌 + 坐

不顺利；屈辱

● 人在坐着的时候，身体是弯曲的，引申有萎靡、不顺的意思，加上"手"偏旁表示做事不顺利。

● 挫折、挫败、挫伤

zhé
折
扌 + 斤

断

● "斤"在古文中画的是砍木头的斧头。而用手拿着斧头，就是要将木头砍断。

● 折断、夭折、折桂、折磨

shuāi
摔
扌 + 率

倾跌；扔去

● "率"有轻率、疏忽之意。把东西摔出去往往是由于轻忽所导致的。

● 摔打、摔碎、摔倒、摔跤

tóu
投
扌 + 殳

掷

● "殳"是手拿着长兵器去伤人，因此有由近及远的意思；而手拿东西丢掷出去，也是有由近及远的意味。

● 投篮、投弹、投河、投靠、投降

pān
攀
樊 + 手

用手抓着东西向上爬

● "樊"下的"大"在古文中画的是两只手的样子，表示人或动物被林子困住，伸出手想爬出来，加上"手"偏旁强调需要多加把劲儿才能爬出来。

● 攀爬、攀岩、攀登、攀谈

mǒ
抹
扌 + 末

涂；擦拭

● "末"在这里指颜料粉末。用手把颜料粉末涂在物体上，就是"抹"。

● 涂抹、抹黑、抹粉

sǎo
扫
扌 + ヨ
（掃）
扌 + 帚

清除污秽

● "帚"是扫把，加上"手"偏旁表示手拿扫帚，当然就是要清除污秽啦。

● 扫地、扫雷、扫荡、扫墓

zhāo
招
扌 + 召

举手叫人来

● "召"的本义是张开嘴叫唤人过来，加上"手"偏旁表示举手挥动叫人过来。

● 招生、招呼、招集、招待

zhǎo
找
扌 + 戈

寻求

● "戈"是一种短兵器。当人在杂物或杂草堆里寻找东西的时候，手中常会拿着短棍之类的来帮助搜寻。

● 寻找、找人、找钱、找碴儿

mō
摸
扌 + 莫

找、寻求

● "莫"是指太阳落到草丛中，也就是天黑了。天黑时四周景物很难分辨，因此要伸手轻轻地探取物品。

● 摸鱼捞虾、抚摸、摸索

tàn
探
扌 + 罙

寻求；推究

● "罙"在这是"深"的省略。想要寻求、推究事物，往往需要深入的行动才能做到。

● 探索、侦探、试探、探讨

bǔ
捕
扌 + 甫

捉拿；取

● "甫"在这里是"逋"的右半部，指逃亡的人，加上"手"偏旁表示动手捉拿逃亡的人。

● 抓捕、捕快、捕获、捕捉

kòng

控

扌 + 空

操持，掌握

● "空"有穷尽的意思。要想使人或物听从指挥，就必须穷尽心力来执行。

● 控制、操控、遥控、控告

zhuō

捉

扌 + 足

抓、逮

● 将手和足（脚）合在一处时，即表示被逮到、捆绑的意思。

● 捉拿、捉贼、捉弄、捕风捉影

jué

抉

扌 + 夬

挑取

● "夬"在这里是"决"的省略，有决定的意思，加上"手"偏旁表示用手来挑取、决定。

● 抉择、抉摘

zé

择

扌 + 睪

（擇）

扌 + 睪

挑选

● "睪"的本义是伺察罪人，因此有严加察看的意思，加上"手"偏旁表示严加挑选。

● 选择、择取、择优、饥不择食

shū

抒

扌 + 予

发泄

● "予"有给予的意思。当人在抒发情感的时候，就像用手将物品给予别人一样，都有给予的意思。

● 抒发、抒情、各抒己见、直抒胸臆

zhuō

拙

扌 + 出

愚笨；不灵巧

● "出"的本义是指草木刚从土里生长出来、不整齐的样子，这里取用不整齐的意思，加上"手"偏旁表示双手不灵巧，无法做出完美的东西。

● 笨拙、拙劣、弄巧成拙、拙见

jié

捷

扌 + 疌

快速的；胜利

● "疌"是由手和足（脚）组成的，表示手脚并用，加上"手"偏旁有表示动作的意味。手脚并用，动作才会迅速，而动作迅速在作战时才能获得胜利。

● 敏捷、捷报、捷径、快捷

fǔ

抚

扌 + 无

（撫）

扌 + 無

安慰

● "無"（无）是"舞"字的最早写法，在古文中画的是人双手拿牛尾跳舞，能够有闲情跳舞，生活一般会比较丰裕，因此有厚重的意思；而能够去安慰难过的人，使他过得舒坦，说明这个人的心地一定是非常善良的。

● 安抚、抚慰、抚养、抚摸

sǔn

损

扌 + 员

（損）

扌 + 員

减少

● "員"（员）是计算官吏数量的量词，这里取用数量的意思。用手把原有的数量取走，剩下的数量便会比原来的少。

● 损失、亏损、损兵折将、损坏、损招

jì	才艺

技

才 + 支

- ● "支"是指竹子上较细微的枝条，因此有细致的意思，加上"手"偏旁，表示手很巧，能够做出许多精致的东西。
- ● 技术、技巧、技艺、技能、雕虫小技

bàn	装饰、化妆

扮

才 + 分

- ● "分"含有别的意思。用手来装饰、化妆，就是要使修饰出来的整体感觉合宜，以符合不同场合的需求。
- ● 打扮、扮演、装扮、扮相

rǎo	烦乱

扰

才 + 尤

（擾）

才 + 憂

- ● "憂"（忧）有愁闷不安的意思，加上"手"偏旁，表示行为或动作使人烦乱不安。
- ● 扰乱、打扰、干扰、困扰

奇思妙想

　　华佗是东汉末年的名医，使他享誉于世的，便是他所创的麻醉外科手术。你知道在那个时期，华佗是怎样麻醉病人动手术的吗？

足 的 家族

"足"是脚，跟脚的构造、活动有关系的字，大多有一个"足"偏旁，当作部首时写成"⻊"。

家族聚会

yuè

跃

⻊ + 夭

（躍）

⻊ + 翟

跳

● "翟"是一种雉鸡，很擅长跳跃，加上"足"偏旁便是强调跳跃的动作。

● 跳跃、飞跃、跃然、跃动

niè

蹑

⻊ + 聂

（躡）

⻊ + 聶

脚尖着地轻轻地走

● "聂"是由三个耳朵组成的，表示三个耳朵贴近讲悄悄话，声音是又轻又细的，加上"足"偏旁便是把这种又轻又细的特性移到脚部，当然就是指脚尖着地轻轻地走了。

● 蹑足、蹑手蹑脚

zhǐ
趾
足 + 止

脚趾

- 甲骨文的"止"画的便是脚趾的样子，为了强调这是脚指头而非手指头，就加上"足"偏旁来表示。
- 脚趾、趾甲、趾骨、趾高气扬

huái
踝
足 + 果

脚跟上方两旁突出的圆形骨头

- 果子大多是圆形的，而脚踝的形状也像一颗圆形的果子，既凸且圆。
- 脚踝、踝骨、踝关节

gēn
跟
足 + 艮

脚或鞋、袜的后部

- "艮"在这里是"根"的省略。脚跟位于脚的后部，用来着地，以支撑身体重量，就像树木的根一样。
- 后脚跟、高跟鞋、跟随、跟踪

pǎo
跑
足 + 包

大步地快速往前奔走

- "包"在这里是"刨"的省略。动物用爪子刨地面时，通常是速度很快、动作很大，再加上"足"偏旁表示脚在走路时的动作又大又快，便是"跑"。
- 跑步、奔跑、赛跑、跑动、跑堂

kuà
跨
足 + 夸

越过

- "夸"含有大的意思。要越过某个地方或东西时，要把双脚张大，以便跨越。
- 跨栏、跨入、跨越

tiào	跃起
跳 足 + 兆	● "兆"是卜卦时灼烧龟甲、兽骨，根据它的裂纹来判断吉凶，而灼烧时裂纹的速度很快，就像人跳跃时速度也是很快的一样。 ● 跳绳、跳水、跳高、跳棋

bèng	向上跳
蹦 足 + 崩	● "崩"是指土石从山上坠落，所以有离开的意思。而当脚向上蹦跳时，脚也会离开地面。 ● 蹦跳、蹦高、蹦起、活蹦乱跳

cǎi	用脚践踏
踩 足 + 采	● "采"是由"爪"和"木"组成的，有用手采摘的意思。一般来说，我们是不会用脚采摘东西的，当脚做出类似像手的采摘动作时，便是指用脚践踏东西了。 ● 踩踏、踩高跷、踩水

tà	举脚着地
踏 足 + 沓	● "沓"是由"水"和"曰"组成，有说话如流水一样顺畅的意思，而举脚着地，脚跟与地面贴合，也有非常顺畅的意味。 ● 踏步、踏板、踏青、脚踏实地

jiàn
践
𧾷 + 戋
（踐）
足 + 戔

用脚践踏

- ● "戋"（戔）在这里是"残"（殘）的省略。用脚踩踏物体，就会使物体受到损害。
- ● 践踏、作践、践行、实践

tī
踢
𧾷 + 易

举脚用力触动东西

- ● "易"有变动、改变的意思。用脚踢东西，会使东西离开原来的地方，也就是改变了东西原来的位置。
- ● 踢倒、踢球、踢毽子

足

106

dǎo
蹈
𧾷 + 舀

跳动

- ● "舀"是由"爪"和"臼"组成的。舂谷物时，必须用手不断地伸入臼中拨弄谷物，让谷物能均匀地受到舂打，而舂打时杵不停地一上一下移动，就像跳舞时脚不停地一上一下踏动一样。
- ● 舞蹈、手舞足蹈、赴汤蹈火

diē
跌
足 + 失

摔倒；错失

- ● "失"有错误之意，走路时没有走好就会摔倒。
- ● 跌倒、跌打酒、跌落

bǒ
跛
足 + 皮

脚有残疾、走路一拐一拐的

● "皮"是覆盖在动物身上的一层保护组织，剥下来的时候通常是软绵绵、弯曲不平的。而脚有残疾的人，走路一拐一拐的，就像是走在不平的路上一样。

● 跛脚、跛子、跛行

dūn
蹲
足 + 尊

人弯腿虚坐

● "尊"是指一种酒器，上下细长、中间圆大，就像人蹲着的样子。

● 蹲下、蹲伏、蹲守

足

107

guì
跪
足 + 危

使膝盖弯曲着地

● "危"字有不安的意思，人在跪着的时候，要挺直上半身、两个膝盖着地，很难保持重心平衡，常有忽前忽后、忽左忽右的不安全感。

● 下跪、跪拜、跪安

lù
路
足 + 各

街道

● "各"有分别的意思，加上"足"偏旁表示人依照不同的需要或喜好而选择各自的道路去走。

● 道路、行路、走路、路途、思路

jù
距
足 + 巨

相隔的远近

● "巨"有大的意思，人只要行走就会产生距离，走得愈多，当然距离就愈大啦。

● 距离、差距、行距

zōng
踪
足 + 宗

（蹤）

足 + 從

脚印、足迹

● "從"（从）有跟随之意。"蹤"（踪）即是在行走时留下的足迹，让后来的人容易循着足迹跟随。

● 踪迹、行踪、踪影、失踪

zào
躁
足 + 喿

性急；扰动

● "喿"是"木"上有三个"口"，表示群鸟聚集在树上鸣叫，声音又杂又急，加上"足"偏旁，表示人心里被扰乱得要跺脚了。

● 躁动、躁进、浮躁、烦躁

同 源 字 篇

什么是"同源字"？

小朋友，有没有忘掉"字圣"仓颉啊？现在又是一个让仓颉大显身手的时间了，"字圣"也很高兴又可以帮助小朋友答疑解惑了。

看了那么多的"部首家族"后，有没有开始赞叹中国文字的创造的确是了不起啊？下面我们推出创造文字的秘密武器——"同源字家族"。你可能会很好奇："什么是同源字呢？"从字面上推想，"同源字"就是有相同根源的字。你可以从字形、字音、字义这三方面来辨识一个字是不是属于"同源字家族"的一员，因为"同源字家族"成员在形、音、义上都有密切的联系。首先，它们在形体上一定有一部分是相同的，就像"部首家族"的成员都是以同一个部首紧密相连一样；在字音上也大多相同或相近，或是从同一个发音部位来发声，而且在字义上也有相近的脉络可循。

该怎样帮助你更容易理解"同源字"呢？我想，还是举个例子来说明吧！以"青"家族来说，"青"是指草木刚生长出来的颜色，有美好的意味，因此"青"的"同源字家族"大多有"美好"的意思，发音也相似，如："清"指水非常清澈、美好；"晴"是指天气很好；"睛"是指眼睛很清澈、明亮；"精"则是指经过挑选的好米……通过这些例子，你发现"同源字家族"的奥秘在哪里了吗？原来它的一个个成员都是由同源字根加上部首组成的，部首指出这个字的属性或类别（如：水、日、目、米）；而同源字根则指出这个字的特性或特色（如："青"都跟"美好"的意思相关），并且在发音上也相同或相近。

　　了解了同源字根是怎么组成"同源字家族"的，你就可以对中国文字的创造和关联有更进一步的了解。下面我们列举十八个比较具有代表性、家族成员比较常见的"同源字家族"让你参考，希望你对中国文字会越来越感兴趣。

青 的 家 族

"青"是指草木刚生长出来的颜色，所以有美好的意思。"青"的同源字家族也大多有美好的意思，发音也相近。

家族聚会

qīng
清
氵 + 青

洁净

● 水很美好，就是指水清澈、洁净，可以拿来饮用或洗涤。

● 清水、清洁、清秀、清新

qíng
情
忄 + 青

发自内心的感受

● "青"在这里是指日出后天空的颜色，有显而易见的意味。而人的感受由心所发，很容易通过外在的表现显现出来，所以"情"字便从"心"偏旁。

● 感情、心情、情绪、亲情、事情

qíng
晴
日 + 青

出太阳、不下雨的天气

● "日"是指太阳。天空中有太阳、天气很好，便是晴天。

● 晴天、晴朗、放晴

qiàn
倩
亻 + 青

美好的

● "青"是指草木初生时的颜色，加上"人"偏旁用来表示青春洋溢的少女，正处于一生中最甜美的时期。

● 倩影、倩笑、倩语

jīng
菁
艹 + 青

事物最精美、最有价值的部分

● "菁"的本义是指韭菜花。因为韭菜是草本植物，所以有"艹"头，而韭菜花是韭菜最精华的部分。

● 菁菁、精华

jīng
睛
目 + 青

眼珠

● 眼珠子清澈、明亮，可以清楚地看到物体就是"睛"。

● 眼睛、目不转睛、画龙点睛

jīng
精
米 + 青

经过提炼或挑选的

● "精"的本义是指经过拣选后的米，也是品质最好的米，所以"精"字引申有品质优良的意思。

● 精彩、精致、精华、精心、精明

青

qǐng

请

讠+青

（請）

言+青

恳求、乞求

● "青"在这里是"情"的省略，表示向人恳求或乞求必须要动之以情。而请求的时候也要用言语说动人心，所以"请"字从"言"旁。

● 请求、请示、请安、请坐、请客

jìng

靖

立+青

平定；安定

● "立"是一个人正面站着不动的样子，因此有安定之意，加上"青"偏旁表示时局安定或是动乱被平定了，社会一派安定、祥和的景象。

● 靖冥、绥靖、靖难

liàng

靓

青+见

（靚）

青+见

美

● 这个字从结构上，可以明白"见"即是看见，"青"是美好的意思。在广东方言中有两个读音：①音"jìng"，表示打扮，例如靓妆。②音"liàng"，表示美丽，例如靓女、她很靓。

● 靓仔、靓丽、靓女

diàn

靛

青+定

深蓝色

● "定"有安定的意思。青色的颜料是由蓝草提炼出来的。"靛"字即是指用蓝草提炼出来的汁液来染色，这样的色泽会比较稳定并且不易褪色。

● 靛蓝、靛青

jìng

静
青+争

（静）
青+争

停止不动；没有声音

● "争"有相争、争执的意思，加上表示美好意思的"青"偏旁，便有让争执化解、彼此和谐相处的意思。

● 安静、平静、静止、冷静、静心

奇思妙想

　　俗话说"青出于蓝而胜于蓝"，你知道这句话的意思吗？

　　它跟俗语"坏竹出好笋"是不是表达同样的意思？为什么？

羊 的 家族

　　"羊"是一种温驯的群居动物，"羊"的同源字家族大多有"美、善、大"的意思，发音也相近。

家族聚会

羊
116

yáng

佯

亻 + 羊

假装；咋呼

● "佯"的本义是诈，也就是故意伪装欺骗人的意思。羊的本性很温驯、善良，凡是存心要欺骗别人的人，通常会假装很温柔、善良，让人误信，以达到他的目的。

● 佯装、佯攻、佯言

yáng

徉

彳 + 羊

安闲自在地来回行走

● "彳"有行走的意思，加上"羊"偏旁便表示像羊一样很悠闲自在地在草地上走来走去。

● 徜徉

yáng
洋
氵 + 羊

比海大的水域；盛大的、广大的

● "羊"是群居动物，因此聚集在一起，数量就会非常庞大，加上"水"偏旁表示这个水域的范围非常广大。

● 海洋、洋流、汪洋、洋洋洒洒

xiáng
庠
广 + 羊

古代学校的名称

● 有"广"偏旁的字大多跟房屋有关。学校是教人为善的地方，因此就加上表示良善的"羊"在"广"里面。

● 庠生、庠序

xiáng
祥
礻 + 羊

吉利的；和善的

● 古人敬畏自然和天神，认为福祸都是鬼神所降，所以有"示"（礻）偏旁的字通常跟神祇有关。而羊是温驯、善良的动物，而个性温和、善良的人也容易招来福运。

● 慈祥、祥和、吉祥、祥云

xiáng
翔
羊 + 羽

不鼓翅地飞行

● 鸟在天上展翅飞行，就像羊在草地上悠闲漫步一样，都是很美好的事。

● 飞翔、翱翔、滑翔

xiáng

详

讠 + 羊

（詳）

言 + 羊

非常完备周密

● 在说话之前先思虑周密，说出来的话才能符合事实，成为美善的言语。

● 详细、详情、周详、详谈

羊

118

奇思妙想

　　"羡慕"的"羡"字上面也有一只羊，下面的"次"表示流口水，所以"羡"字就是看到人家有好东西便流口水也想要。你知道人为什么看到想要的东西会流口水吗？

易 的 家族

　　"易"字的本义是指云开日现，因此，"易"的同源字家族大多会有"高、大、明"的意思，读音 ang。

家族聚会

yáng
杨
木 + 昜

（楊）

木 + 昜

一种品种繁多的杨柳科植物

● "楊"（杨）是一种品种繁多、容易生长的植物，因此便有繁盛的特性。

● 白杨、杨柳、杨梅

yáng
扬
扌 + 昜

（揚）

扌 + 昜

举高

● "扌"是手，将手上的东西举高，这个东西便容易被人看见。

● 扬水、扬帆、扬名、飘扬

yáng
飏
风 + 昜

（颺）
風 + 昜

被风吹起，在空中飘动

● 物体被风吹起的时候，会高高地扬起，在空中飘动，所以"飏"字便有了"高"的特性。

● 飏尘、飏空、飏簸

yáng
瘍
疒 + 昜

（瘍）
疒 + 昜

溃烂

● 人的皮肤或器官受到细菌感染时，便会溃烂，而溃烂的范围也非常容易扩散，因此，在表示疾病的"疒"旁加上了"昜"，用来指出这种病症的扩散特性。

● 溃疡、脓疡

yáng
炀
火 + 昜

（煬）
火 + 昜

火势猛烈

● "昜"是"陽"（阳）最早的写法，而太阳本身就会发出光和热，再加上"火"偏旁，表示这火势异常猛烈，一发而不可收。

● 炀火

tāng
汤
氵 + 昜

（湯）
氵 + 昜

热水

● 水被太阳照射到，水温便会升高，所以"湯"（汤）就是指温度比较高的水。

● 米汤、汤药、参汤、汤泉

yáng

场

土 + 昜

（場）

土 + 昜

宽广的平地

● "场"（場）字在古代是指祭祀用的场地，面积必须要宽广，以表示对神的敬意，所以就有了"大"的特性。

● 场院、场地、市场、场所

易

121

 奇思妙想

太阳是我们最经常见到的天体。你知道太阳为什么会源源不断地发出光和热吗？太阳的热能有一天会不会消耗殆尽呢？

"长" 的家族

"长"字在甲骨文中画的是一个人留着长长的头发的样子。"长"的同源字家族大多有"久、远、高、盛、多"的意思，发音也相近。

家族聚会

chāng

伥

（伥）

亻 + 长

被老虎役使的鬼

● "伥"（伥）的本义是狂，也就是指精神失常、行为狂放的人，而人发狂则容易披头散发、不注重仪表。

● 为虎作伥、伥鬼

chàng

怅

（怅）

忄 + 长

失望

● 人在失望的时候，心中会产生怨恨、不满的情绪，而这种情绪常常会在心中蔓延、萦绕很长的时间。

● 惆怅、怅然若失、怅惘

zhāng

张

弓 + 长

（張）

弓 + 長

打开

- "张"字的本义是拉开弓弦。弓弦被拉开时，会比原来的长许多，因此便有一种加长的效果。
- 张开、张目、张灯结彩、张望

zhǎng

涨

氵 + 张

（漲）

氵 + 張

水量增加、弥漫

- "張"（张）的本义是拉满弓弦，加上"水"偏旁表示水已满，水满了就容易溢出来到处弥漫。
- 涨潮、涨价、涨钱、涨水

zhàng

胀

月 + 长

（脹）

月 + 長

腹部膨大

- 古人认为胃也是肉做的，而胃里装满了食物时就会膨大，所以就合并"月"（指"肉"）与表示众多意思的"长"表示腹部膨大。
- 膨胀、肿胀、肚胀、胀气

zhàng

帐

巾 + 长

（帳）

巾 + 長

作为屏障或遮护用的幕篷

- "巾"是一种长长的布条。古代的帐幕多用布缝制而成，长长的帐幕可以张开当作遮蔽的用具。
- 帐幕、帐篷、蚊帐、青纱帐

zhàng

账

贝 + 长

（賬）

贝 + 长

记载财物的簿册

● "贝"（貝）是一种古代的货币，可以钻洞系绳方便携带，在这里用来指财物。而记账的簿册需要核对与计算，也有前后贯串、统整查算的意思。

● 账目、账本、欠账

长

124

字圣一点通

"账"与"帐"字不可通用，"账"指账本、记账，"帐"指帐幕、帐篷。

奇思妙想

把一杯水倒满到杯缘的部分，你会看到水的表面好像有鼓起绷紧的感觉，这时再倒一滴水进去，水就会溢出往下流，而且表面也会变平坦，你知道为什么会这样吗？

"敖"的家族

　　"敖"字在古文中是由"出"和"放"组成的，因此有出游之意。"敖"的同源字家族，大多有"出放、流连"的意思，发音也相近。

家族聚会

áo

遨

辶 + 敖

游玩

　　● 基本上"敖"字已经有出游的意思，再加上有行走意思的"辶"偏旁，更加强调到处游玩的意思。

　　● 遨游、遨嬉、遨戏

áo

嗷

口 + 敖

形容多人或动物呼叫哀嚎的声音

　　● 当人或动物在呼叫哀嚎时，往往会惊慌失措，六神无主地乱走乱叫。

　　● 嗷嗷待哺、嗷嗷叫

áo

熬

敖 + 灬

用文火慢慢地煮

　　● 用文火慢慢地煮东西时，一定要让物体在火上停留很长时间，因此含有流连的意味。

　　● 熬汤、熬药、煎熬

áo
獒
敖 + 犬

一种体大凶猛的狗

● 獒犬是一种体形大而且凶猛的狗，可以协助人类打猎，追逐猎物。

● 藏獒、獒犬

áo
螯
敖 + 虫

螃蟹等节肢动物的第一对钳状的脚

● "虫"偏旁的字，大多和昆虫、小动物有关。而"螯"是指螃蟹等节肢动物的第一对脚，形状很像钳子，主要用来拿取食物和抵御敌人、保护自己。螃蟹的螯肢位于螃蟹身体的最前方，也有不断向前探索，引导身体前进的意思。

● 螯肢动物

ào
傲
亻 + 敖

自大、不屈服

● "敖"是由"出"和"放"组成的，含有肆无忌惮的意味，而人一旦自大，也容易放肆、不讲理。

● 骄傲、傲然、傲骨、傲慢、孤傲

奇思妙想

为什么螃蟹总是横着走呢？假如蟹螯不小心断了，会不会再长出新的呢？

央 的 家族

"央"是指一人将两手、两脚充分地张开，站立于两条界线中间。"央"的同源字家族大多有"大、中间"的意思，发音也相近。

家族聚会

yāng

殃

歹 + 央

灾祸；残害

● "歹"字在甲骨文中画的是一根破碎残缺的骨头，所以跟"歹"相关的字大多有灾祸的意思，加上"央"偏旁表示人在遇到灾祸的时候，常常会在生死之间徘徊。

● 遭殃、殃及、祸国殃民

yāng

泱

氵 + 央

水深广的样子

● "央"有大的意思，再加上"水"偏旁便指出这水是很广大、深广的。

● 泱泱大国

yāng	稻苗
秧	● "央"是指中央、居中的意思。农民在插秧时，必须把稻苗不偏不斜地插在泥土中央，稻苗才会生长良好。所以，稻苗又称为禾秧。
禾 + 央	● 秧苗、插秧、秧田

yāng	套在马颈上、用来驾马的皮带
鞅	● "革"是指经过处理的、去毛的兽皮，质地柔韧。而驾马的皮带通常用皮革做成，并且要系于马颈的中央，这样才好操控马匹行进。
革 + 央	● 鞅绊、鞅轭、鞅勒

yāng	一种经常成对出现的水鸟
鸯	● 鸳鸯是一种经常成对出现的水鸟，雄的叫鸳，雌的就叫鸯。因为它们经常成对出现，所以只看到鸯时，便等于只看到这种水鸟的一半。
央 + 鸟	● 鸳鸯
（**鴦**）	
央 + 鳥	

àng	充满、盛大的样子
盎	● "盎"字的下面是"皿"，所以一看就知道它本来的意思是跟器皿有关。"盎"的本义是一种口小腹大用来盛物的瓦器，因为这种瓦器的口部跟底部比较小，腹部比较大，因此必须将重心摆在正中央以保持稳定；而"盎"也有盛大的意思，因为它的腹部大，可容纳较多的东西。
央 + 皿	● 春意盎然、盎司

yīng
英
艹+央

开得很繁盛的花

● "央"含有大的意思，加上"艹"偏旁表示花开得很繁盛、很漂亮。

● 落英、英俊、英才

yìng
映
日+央

因光线的照射而显出影像

● 太阳运行到天空的中央时，日照最充足，物体的影像也会很容易地显现出来。

● 反映、映照、映射、映衬

央

奇思妙想

你听过"揠苗助长"的故事吗？你知道那些秧苗最后的结局是怎样吗？为什么会产生这样的结局呢？想一想。

"戋"的家族

"戋"是由两个"戈"组成的，表示双方拿着兵器互相伤害，因此有残余、细小的意思。"戋"的同源字家族大多有"伤害、细小"的意思，大多发"an"音。

家族聚会

qiǎn

浅

氵+ 戋

（淺）

氵+ 戔

不深

● 水少、不深就是"浅"。

● 深浅、浅海、浅滩

qián

钱

钅+ 戋

（錢）

金 + 戔

货币的通称；姓

● 古代货币的算法以十钱为一两，二十两或万钱为一金，所以"钱"是价值很小的货币单位。

● 铜钱、金钱、钱币、钱庄、钱财

jiàn

贱
贝 + 戋

（賤）
貝 + 戋

价钱低、地位低下

● "贝"（貝）是古代交易的货币，加上有表示少、小的"戋"偏旁，便表示这货物的价格很低。

● 贱卖、贱价、贫贱、卑贱

cán

残
歹 + 戋

（殘）
歹 + 戋

不完整的

● "歹"是剔除肉以后剩下来的骨头，相对于整体便显得有所欠缺、不完整，加上"戋"偏旁便是强调伤害和缺少的特性。

● 伤残、残疾、残害、残阳、凶残

jiān

笺
竹 + 戋

（箋）
竹 + 戋

信札、名片

● 古代常以竹简来当作书写的工具，因此"笺"便是指薄小的竹片，可用来写信或是当作名片使用。

● 信笺、笺札、便笺、笺注

zhàn

栈
木 + 戋

（棧）
木 + 戋

用木板编成的棚子

● 用许多已经剖成一片片的木板交叉编成的牢固棚子，就是可以供人或动物休息的小栈。

● 客栈、货栈、栈房、栈车、栈桥

jiàn

饯

饣+戋

（餞）

食 + 戋

送别时的酒食

● 古代送别时的酒食，通常是设置在路亭里，因此很难准备得太多，而送别时主要是表达离别之情，所以也很少食用。

● 饯别、践行、蜜饯

---

zhǎn

盏

戋+皿

（盞）

戋 + 皿

小杯

● "皿"是盛酒浆的器皿，加上"戋"偏旁表示这个器皿是很浅小的。

● 茶盏、灯盏、把盏

---

jiàn

践

𧾷+戋

（踐）

𧾷 + 戋

踏踩

● "𧾷"是指脚。将脚踏踩在物体上，这个物体便会受到伤害。

● 践踏、践履、作践、实践

奇思妙想

你知道中国古代都用过哪些东西来当作交易的货币吗？每个朝代使用的货币都一样吗？

"支"的家族

"支"在古文画的是用手拿着去掉竹枝的竹竿。
"支"的同源字家族大多有"分离、支持、细微"
的意思，发音也相近。

家族聚会

zhī

枝

木 + 支

树干旁边生长出来的细条

● "支"有分离、分开的
意思，而树枝就像是由树干
所分离出来的小细条一般。

● 树枝、枝节、枝条、
节外生枝

zhī

肢

月 + 支

人或动物的手脚

● 人或动物的四肢，看起来就像由躯干分叉生长出来
的，跟树枝是由树干旁分出来的有相似的意味。

● 上肢、四肢、肢体、前肢

zhī
吱
口 + 支

形容尖细的声音

● "吱"通常用来形容细微、杂碎的声音，声音是由口发出，所以从"口"偏旁，而"支"有细微的意思，尖细的声音就像是从齿缝间挤出一般，有细微的意味。

● 吱声、吱吱叫

chì
翅
支 + 羽

鸟类或昆虫的飞行器官

● 翅膀相对于鸟类或昆虫的肢体，就像是旁支分出去的器官一样。"支"也有支持的意思，在鸟类或昆虫飞行时，翅膀可以支撑它们在空中不往下坠落。

● 翅膀、振翅、插翅难飞

支

135

qí
歧
止 + 支

岔路；不一致的

● "歧"的本义是五指之外多生出来的一根指头。"止"在古文中画的是脚趾的样子，"支"有分出的意思，所以"歧"便是指由五指旁分生出的指头。现在"歧"字多引申做岔路、不一致的意思。

● 歧途、歧路、分歧、歧义

jì
技
扌+支

才能、手艺

● "扌"是手的另一种写法，精巧的技艺通常由手来表现，所以从"手"偏旁。而"支"有细微的意思，所以"技"便是指精致的手艺。

● 技术、技巧、技法、技艺

jì
妓
女+支

古代称呼以歌舞为职业的女子

● 古代从事歌舞职业的女子，动作柔软、细致，就像竹枝的姿态一般柔软。

● 妓女、娼妓、妓院

jī
屐
尸+彳+支

木底鞋

● "尸"在古文中画的是人侧坐的样子，因此有人的意思，而"彳"是大腿连着小腿的样子，再加上表示支持、支撑意思的"支"，"屐"字便有了穿在人的脚上、用来支撑人身体重量的鞋子之意。

● 木屐、屐履

支

136

奇思妙想

　　为什么鸟类可以飞翔呢？它们的翅膀里是不是藏着什么有助于飞翔的奥秘呢？

仑 的 家族

"仑"在古文中画的就是把竹简书册聚集起来，让它条理分明、易读。因此，"仑"的同源字家族大多有条理、次序的意思，发音也相近。

家族聚会

lún

伦

亻＋仑

（倫）

亻＋侖

人类相处的关系和道理

● 人伦有辈分高低的分别，就像编成简册的竹片一样，也是有先后次序的。

● 伦理、天伦、伦常、不伦不类

lùn

论

讠＋仑

（論）

言＋侖

分析事情加以说明

● 当人要将事理分析清楚，说给他人听的时候，言语一定要有条理，这样听的人才能够明白。

● 论点、议论、讨论、论辩、争论

lún
轮
车 + 仑
（**輪**）
車 + 侖

车船或机器上可供旋转运作的圆形物

● 古代的车轮中间都有多根直木，用来支撑车轴与轮框，而这些直木都是按照次序、一根一根很有条理地排列整齐。

● 车轮、轮船、轮胎、齿轮、年轮

lún
沦
氵 + 仑
（**淪**）
氵 + 侖

小波纹

● "淪"（沦）的本义是细小的波纹，也就是水面上因风而起的小波纹，而小波纹通常是很有条理、层次地向外荡漾开来。

● 沦落、沦漪、沦陷、沉沦

lún
抡
扌 + 仑
（**掄**）
扌 + 侖

挑选

● 用手择取东西，必须按照东西的类别来选取，也就是井然有序地选取。

● 抡材

lún
纶
纟 + 仑
（**綸**）
糹 + 侖

青色的丝带

● "綸"（纶）字的本义是指秦汉时俸禄百石以上的官吏用来佩戴的大丝带，这种大丝带是加上青丝绳编纠合成的，而要纠合丝带必须要依照次序、条理分明地处理才行。

● 涤纶、锦纶、垂纶、经纶

字圣讲堂

纶巾 "纶"字在使用于"纶巾"这个词时，不读"lún"，读作"guān"。纶巾是古时候一种用青丝做成的头巾，相传是诸葛亮发明的，所以又称为"诸葛巾"。

奇思妙想

你知道刘备为什么必须"三顾茅庐"才请得动诸葛亮吗？假如你是诸葛亮，你愿不愿跟随刘备，辅佐他打天下，最后鞠躬尽瘁而死呢？为什么？

"公"是将物体平分的意思，也是古代对老者或有地位者的尊称。"公"的同源字家族多有"平正、尊显"的意思，发音也相近。

家族聚会

sōng

松

木 + 公

一种常绿乔木

● 松树是一种常绿乔木，树干挺直、树叶作针刺状，岁寒而不凋。古人认为松树含有公正、正直的意思。

● 松树、松针、松子、松脂、松树

sòng

颂

公 + 页

（頌）

公 + 页

称赞

● "頁"（页）本义是指人的头部。人的头部是身体最容易被他人看到的地方，因此有显露的意思。而人有美善的行为，也是最容易被人所尊重、称赞的，就像显露在外的容貌一样。

● 颂扬、歌颂、赞颂、祝颂

zhōng
忪
忄+公

害怕

● "心"的旁边加上表示公正的"公"，指心中常常怀着恐惧，害怕自己的作为无法达到公平的要求。

● 怔忪

sòng
讼
讠+公

（訟）
言 + 公

争辩是非；双方打官司争论曲直

● "公"有公平无私的意思，而争论是非时需要用到嘴巴，并且是为了想要得到一个公正客观的结果，因此，"讼"字就由"言"和"公"组合而成。

● 诉讼、讼词、讼案、争讼、讼师

公

141

wēng
翁
公+羽

对男性长者的称呼

● "翁"本义是指鸟类颈部的羽毛，因为"公"也是古人对于长者或有地位者的尊称，有尊敬他居上位的意思，而鸟类颈部的羽毛又是在全身的最上面，也有居上位的意思。

● 渔翁、翁姑、白头翁

奇思妙想

你知道我国用来表示法律和司法的标志是什么吗？用这种标志有什么特殊的意义呢？

"共"的家族

"共"在古文中画的是用两只手持拿一个物体，所以"共"的同源字家族大多有"合、同、一起"的意思，发音也非常相近。

共

142

家族聚会

gōng
供
亻 + 共

给

● 用双手持拿着一个物体给人，就是供给他人需要的东西。

● 供给、供求、供应、供销

gōng
龚
龙 + 共

（龔）

龍 + 共

给

● "龚"（龔）字现在多用作姓氏，它的本义是"给"。"龚"字上头是"龙"，古人认为龙可以随意变化形体，这里取用随意的意思，加上"共"偏旁表示将东西给予他人时，必须要顺随他人的意愿，满足他人的需求。

● 龚自珍

gōng **恭** 共 + 小	**态度诚恳有礼貌的样子** ● "小"是"心"字的另一种写法，加上"共"偏旁便表示怀有非常谨慎、诚恳的心意，用双手将物体拿给他人。 ● 恭敬、恭候、恭贺、恭维、打恭
gǒng **拱** 扌 + 共	**双手合抱来行礼** ● "共"字有合的意思，加上"手"偏旁便表示将双手合抱在胸前、向他人恭敬地行礼。 ● 拱手、拱揖、拱抱、拱木、拱卫
hōng **哄** 口 + 共	**众人同时发声** ● 这个字一看就很容易明白，"共"字有合、一起的意思，加上"口"偏旁，便表示众人同时张口发声。 ● 哄笑、哄传、哄抢
hōng **烘** 火 + 共	**用火烤干或取暖** ● "共"有合、一起的意思。将物体靠近火烤干或取暖，便表示物体与火相近，有同在一起的意味。 ● 烘干、烘箱、烘培、烘烤
hóng **洪** 氵 + 共	**大水** ● 把有会合意思的"共"，加上"水"而成的"洪"字，便表示大水是集合众多细小水流而成的。 ● 洪水、洪荒、分洪、洪福、洪亮

共

143

奇思妙想

      世界各国的神话传说中，大多都有关于洪水的故事，其中最著名的就是"诺亚方舟"的故事。你知道为什么在诺亚方舟上载的动物都是成双成对的吗？

包的家族

"包"在古文中画的是一个孕妇腹中有胎儿的样子。"包"的同源字家族大多有"裹、覆"的意思，发音也相近。

家族聚会

bāo
胞
月 + 包

母体子宫中包在胎儿外面的薄膜

● "包"就是指正在人体中孕育的胎儿，加上"月"偏旁，便强调这是包裹在胎儿外面的一层像肉一样的薄膜，也就是俗称的"胞衣"。

● 细胞、胞兄、双胞胎

bāo
苞
艹 + 包

花未开时包着花朵的小叶片

● 花苞是花还没开时包着花朵的小叶片，看起来很像包裹住物体的样子。

● 花苞、含苞待放

包

---

bāo

孢

子 + 包

某些低等植物所产生的生殖细胞，脱离母体后，可以直接发育成新的个体

● 利用孢子来繁殖的植物，通常有一个孢子囊，囊内有许多孢子，等待成熟裂开后发育成长。

● 孢子、孢子植物

---

báo

雹

雨 + 包

空中的水蒸气遇冷凝结成冰雪，成块状自空中落下

● 冰雹是由冰雪凝结反复包裹成块状掉落下的，因此有冰雪包裹的意思。

● 冰雹、雹灾

---

bǎo

饱

饣 + 包

（飽）

食 + 包

肚子被食物撑满的感觉

● 肚子被食物撑满，就是胃被食物整个塞满了，而胃有包覆着这些食物的作用。

● 饱餐、饱暖、饱和、饱含

---

bào

刨

包 + 刂

削

● "刂"是"刀"字的另一种写法，用刀子将被包裹的物体一层一层地削去，就是刨了。

● 刨子、刨床

---

bào

抱

扌 + 包

用手臂将人或物纳入怀里

● 用手臂将人或物纳入怀里，就像在怀中有一个胎儿那样，即是"抱"。

● 拥抱、合抱、抱住、抱怨

páo
袍
衤 + 包

套在外面的长衣

- 袍是套在外面的长衣，所以有覆盖的意思。
- 同袍、外袍、旗袍、皮袍、袍泽

páo
炮
火 + 包

烧烤

- "炮"的本义是烧烤，烧烤时将物体放在火中，就像用火包裹住物体一样。后来"炮"字也用在炮仗上，这时念pào音，而炮仗也是将火药包在里面，以便点火引燃。
- 炮弹、炮火、炮兵、鞭炮

páo
咆
口 + 包

怒吼

- 人或动物在怒吼的时候，就像是将一口很猛的气冲出口，有盛气包裹在里面的意味。
- 咆哮

pǎo
跑
足 + 包

快步走

- "足"指的是脚，"包"在这是"刨"的左半部。动物在快步行走时，就像是用脚来刨地一样。
- 跑步、跑动、赛跑、跑车

pào

泡

氵 + 包

内含气体在水面上漂浮的球状物

● 浮在水面上的泡沫，感觉就像有东西含在气泡里面一样。

● 泡沫、水泡、泡影、灯泡、泡菜

pào

疱

疒 + 包

皮肤因为汗孔阻塞而长出的小疙瘩

● 长在皮肤上的小颗粒，里面有一些化脓的物质，从外观看起来就像是皮肤包裹住东西而凸起的样子。

● 疱疹、脓疱、水疱

包

148

pào

炮

火 + 包

一种兵器

● 古代的"炮"是以机械投掷石头。先用兜承载着石块，再将它发射到远方去攻击敌人，这完全是运用杠杆力学原理。

● 炮车、炮座、炮局、火炮

奇思妙想

你见过冰雹吗？你知道在怎样的气候条件下比较容易下冰雹吗？假如你出门在外遇上了大冰雹，该怎样避免被冰雹砸伤呢？

"丁"的家族

"丁"字在古文中画的是一根钉子的形状，"丁"的同源字家族大多有"直下、深入于内"的意思，发音也相近。

家族聚会

dīng

仃

亻 + 丁

孤独、没有依靠

● 古人称能够独立完成任务的成年男子为"丁"，因此丁又有独立、独来独往的意思，加上"人"偏旁便强调这个人是独来独往、孤独的。

● 孤苦伶仃

dīng

钉

钅 + 丁

（釘）

金 + 丁

一种尖顶细长，用来连接和固定物体的东西

● 基本上"丁"字就已能够表示钉子了，再加上"金"偏旁用来强调钉子大多是用金属制成的。

● 铁钉、钉锤、斩钉截铁

dīng	蚊虫咬；再三嘱咐
叮	● 蚊虫叮咬人是将刺深入人的皮肤中；再三嘱咐人也是不停地说，目的在于深入人心。
口 + 丁	● 叮咬、叮咛、叮嘱、叮问

dīng	一种毒疮，也叫疗疮
疔	● "疔"的本义是创痛，即受创伤而产生的剧痛，所以就从"疒"偏旁，而"丁"有深入于内的意思，创痛对人来说也是深入肉体中的。
疒 + 丁	● 疔毒、疔疮、红丝疔、蛇头疔

dǐng	大醉不省人事
酊	● "酉"是一种装酒的容器，用来表示酒的意思。而喝得烂醉如泥的人是很难扶起来的，就像被钉入地面的钉子很难拔起一样。
酉 + 丁	● 酩酊

dǐng	人体或物体的最上端部位
顶	● "頁"（页）字的本义是指人的头部。而钉子被钉入物体后最明显的就只剩最上面的钉帽，就像人体最明显被人看见的部位也是头部一样。
丁 + 页	● 顶点、山顶、头顶、顶尖

（頂）

丁 + 頁

dìng
订
讠 + 丁

（**訂**）
言 + 丁

商量、约定

● 在钉钉子时，最重要的就是要将它放平正，然后施力均匀地击入，这里取用平正深入的意思，加上"言"偏旁，表示与人商量、约定事情时必须抱持平正深入的态度。

● 订购、订约、订立、修订、制订

tīng
汀
氵 + 丁

水边平地或河流中的小沙洲

● "汀"有水在下面而岸上是平的意味，就像钉子的钉帽是平的一样。

● 绿汀、汀线

tǐng
町
田 + 丁

田地间的道路

● 田地间的道路是平坦的，就像钉帽是平坦的一样。

● 町畦、町疃

丁

151

奇思妙想

你听过"竹头木屑"的成语故事吗？这个典故出自晋朝的大将军陶侃，用现在的观点来看，你觉得他有没有"资源回收再利用"的观念？后来，他把这些竹头和木屑拿去做什么用了呢？

句 的 家 族

　　"句"在古文中画的是两个弯曲的物体互相纠缠钩合的样子。"句"的同源字家族大多会有"弯曲、终止"的意思。"句"读音有二：① jù ② gōu

句

152

家族聚会

gǒu
耇
耂+句

老人

● "耂"在这里是"老"字的省略。老人的背脊通常是弯曲的，所以"耇"就是指背脊弯曲的老人。

● 耇老、耇垢、耇章

jū
驹
马+句

（駒）

馬 + 句

小马

● "驹"字的本义是指两岁大的小马，而"句"有弯曲的意思，小马的肢体尚在生长，因此骨骼软弱容易屈曲。

● 马驹、千里马、白驹过隙

gōu
佝
亻 + 句

背向前、向下倾屈

● "佝偻"是一种软骨病，得这种病的人骨骼中缺少钙，因此轻则鸡胸驼背；重则站不稳或无法行走，因此，就在"人"旁加有弯曲意思的"句"来表示这种病人的特征。

● 佝偻

qú
劬
句 + 力

辛苦、劳累

● "句"字有弯曲的意思，人在用力劳作时身体通常是弯曲的，因此"劬"便指辛苦劳作的意思。

● 劬劳

qú
朐
月 + 句

干肉的弯曲部分

● "月"是"肉"的另一种写法，"句"有弯曲的意思，因此"朐"字便是指弯曲的肉干。

● 脯朐

gòu
够
句 + 多
（夠）
多 + 句

达到一定程度、充足无缺

● "句"有终止之意，含有满足的意思，而"多"则容易让人感到满足无缺。

● 够用、足够、能够、够格

句

jū

拘

扌 + 句

逮捕

● "句"有终止的意思，加上"手"偏旁表示逮捕嫌犯，使他不要再脱逃，也有终止逃跑的意思。

● 拘捕、拘留、拘禁、拘束

句

154

字圣一点通

"句"发"gōu"音时，表示弯曲的意思；发"jù"音时，则有终止的意思。

奇思妙想

你知道为什么人老了容易弯腰驼背吗？

氏 的 家族

　　"氐"在古文中画的是往土里生长的植物根部。"氐"的同源字家族大多有"根本、低下"的意思，发音也相近。

家族聚会

矮、不高

dī

低

亻 + 氐

● "低"字的本义是指人的身体俯垂到地面，就像植物的根部往土里生长一样，所以身形就会比原来还矮。

● 低矮、低空、低谷、低微、低能

公羊

dī

羝

羊 + 氐

● 古人养羊以十只母羊来配一只公羊，因为公羊少了，母羊不容易受胎，多了则会造成混乱，而公羊主要是作配种用的，也是羊群繁殖的根本。

● 羝乳、羝羊触藩

| dǐ
底
广 + 氏 | **物体最下面的部分**
● "广"在古文中画的是一所靠山壁建造的房子，再加上"氏"偏旁表示处于这房子最下面的部分。
● 底层、底部、底座、海底、底稿 |

| dǐ
抵
扌 + 氏 | **用手排拒**
● "氏"是指植物的根，具有排开土壤、往下或旁边生长的能力，这里是取用"推开"的意思，加上"手"偏旁便表示用手推开、抗拒的意思。
● 抵挡、抵制、抵抗、抵赖、抵押 |

故意说人坏话；责备

● 当人在责备他人或说人坏话时，常常会追根究底。

● 诋毁、诋斥、抵辱

dǐ
诋
讠 + 氏

（**詆**）

言 + 氏

| dǐ
柢
木 + 氏 | **树根；事物的根本**
● 基本上"氏"就已经有树根的意思，加上"木"偏旁更加强调这是树木的根本。
● 根深柢固 |

| dǐ
砥
石 + 氏 | **磨刀石**
● 磨刀石常放在刀剑之下，以方便刀剑磨利之用。
● 砥石、砥砺、中流砥柱 |

dǐ
邸
氐 + 阝

达官贵人居住的房舍

● "阝"就是"邑"，本义是指国家，而"邸"在古代则是指郡国王侯在都城所设置的宅第，可以提供王侯们朝见天子时居住，而国都也是宗庙设置的所在地，有一国之根本的意思，将宅第设置在国都也有以此为根本的意思。

● 官邸、府邸、私邸、邸宅

奇思妙想

你知道为什么把刀子放在磨刀石上磨一磨，刀刃就会变锋利吗？

"卑"的家族

"卑"在古文中画的是一个人手拿瓦器在做事，因此"卑"的同源字家族多有"低下、微贱"的意思，发音也相近。

卑

158

家族聚会

bēi
碑
石 + 卑

刻有文字或图画，竖起来作纪念物的石头

- 最早的碑大多是用低矮的石头来竖立，以方便记事。
- 石碑、丰碑、口碑、碑文、碑刻

pí
脾
月 + 卑

人体的五脏之一

- "卑"有低下的意思。在人体中，脾脏位于胃的下方，所以古人认为脾脏可以帮助胃消化食物。
- 脾脏、脾胃、脾气

bì
婢
女 + 卑

供人使唤的女侍

- 供人使唤的女侍身份必定比较低微，因此便在"女"旁加上"卑"，用来表示她的身份低下，从事的工作低微。
- 婢女、奴婢、奴颜婢膝

bǐ **俾** 亻+卑	**使；帮助** ● "俾"的本义是对人有所帮助，也就是为别人做事的意思。 ● 俾众周知、俾便考察

bì
裨
衤+卑

辅助、帮助

● "裨"的本义是助益，也就是做衣服遇到布帛不足时，就拿其他的布帛来接续。而在表示衣服的"衤"旁加上表示低下意思的"卑"，是因为原本做衣服用的布帛大多是完整的，而用来接续的布帛则多为零散的缘故，而这零散的布帛比起完整的来说，又有一种较次等的意思。
● 裨益、裨补

卑

159

pì
埤
土+卑

低下潮湿的地方；向下望

● 在"土"旁加上表示低下的"卑"字，便表示这块土地是比较低下的。
● 埤堄

奇思妙想

想一想，为什么地势低洼的地方，往往容易潮湿呢？

喿 的 家 族

"喿"在古文中画的是很多鸟聚集在树上一起鸣叫。"喿"的同源字家族大多有"扰动、倾全力"的意思，发音也相近。

家族聚会

zǎo

澡

氵 + 喿

沐浴、清洗身体

● 古人难得清洗身体，因此在洗澡的时候，都要特别用力地将全身的污垢清洗干净。

● 洗澡、澡盆、澡堂

zào

噪

口 + 喿

喧闹；杂乱刺耳的声音

● 基本上"喿"字就已能够表现出鸟聚集在树上一起鸣叫所造成的嘈杂声音，加"口"偏旁更加强调杂乱的声音是由口所发出的。

● 蝉噪、噪声、噪音、聒噪

cāo
操
扌 + 喿

把持；劳神费心

● "扌"是手，"喿"有倾全力的意思，因此"操"便是指完全掌握、倾全力把持，引申有劳神费心的意思。

● 操心、操持、操劳、操办、操之过急

zào
躁
𧾷 + 喿

性急；扰动不安

● "足"是指脚，有走动的意思，加上"喿"偏旁便表示性子很急，浮躁不安。

● 躁动、烦躁、急躁

zào
燥
火 + 喿

干枯、缺少水分

●物体被火烤得焦干时，便很容易炸裂开来，而裂开时又会发出噼啪响的噪音。

● 干燥

sào
臊
月 + 喿

腥臭的气味

● "臊"的本义是指动物油脂的一种特殊臭味。"月"是肉的另一种写法，"喿"是鸟聚集在树上鸣叫，嘈杂的声音能够传到很远的地方，就像油脂发出的臭味也是能够传到很远一样。

● 腥臊、狐臊、臊气

奇思妙想

用火来烘烤物体，物体变干燥了，那么原本存在于物体内部的水分都跑哪儿去了？

龙 的 家 族

"龙"是一种中国古代传说中的神奇动物。"龙"的同源字家族大多会有"大、长、高"的意思，发音也相近。

家族聚会

lóng

笼

竹+龙

（籠）

竹 + 龍

用来盛载东西的竹器

● 古人认为龙善于飞腾变化、动作迅速敏捷，这里取用迅速、敏捷的意思，而以前盛载东西的轻便器皿通常是用竹编成的，所以"笼"便是指用竹编成的用来盛载东西，以方便东西被迅速、快捷地搬运的器皿。

● 鸟笼、灯笼、熏笼、蒸笼

lóng

胧

月+龙

（朧）

月 + 龍

月色昏暗的样子

● 古人认为龙是一种时隐时现的神兽，而月亮被云气遮蔽时，也是时隐时现、昏暗不明的。

● 朦胧

lóng
聋
龙 + 耳
（聾）
龍 + 耳

无法听到声音

● "龙"在这里是"笼"字的省略，指听觉有障碍的人就像是耳朵被蒙在笼子里一样，没办法听到声音。

● 耳聋、聋子、聋哑、震耳欲聋

lóng
咙
口 + 龙
（嚨）
口 + 龍

咽喉

● 龙的形体是修长的，这里取用修长的意思。咽喉上承口腔，所以，"咙"字便以"口"当作它的偏旁。

● 喉咙、咙胡

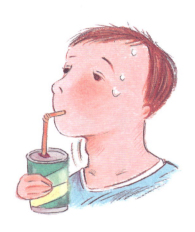

lǒng
拢
扌 + 龙
（攏）
扌 + 龍

聚合

● 古代相传龙起云涌，就是指龙升腾上天时，云都会涌聚在一起，这里取用涌聚的意思，加上"手"偏旁便表示用手将物体聚合在一起。

● 归拢、聚拢、归拢、归拢、收拢

lǒng
垄
龙 + 土
（壟）
龍 + 土

坟墓；田中高地

● "垄"字的本义是指围在坟墓外边的矮墙，这种矮墙必须依照坟墓的大小和地形来围绕，因此形体往往是弯曲的，就像龙盘绕多变的形体一样。

● 田垄、垄沟、瓦垄、垄断

chǒng

宠
宀 + 龙

（寵）
宀 + 龍

尊贵；偏爱

● "寵"（宠）的本义是指尊贵的人所居住的地方，有 "宀"偏旁的字大多跟房屋有关。古人认为龙能飞腾变化，是一种很尊贵、稀有的动物，所以"宠"就是给尊贵的人居住的地方，现在多取用"尊贵"的意思，而人身份尊贵便容易受人偏爱。

● 宠爱、宠物、宠信、失宠、争宠

páng

庞
广 + 龙

（龐）
广 + 龍

巨大的

● "庞"本义是指高屋，因为"广"偏旁的字大多与屋宇有关，而龙在古代是一种神兽，可以一飞冲天，所以"庞"字便表示高大的屋宇，现在多取用高大、巨大的意思。

● 庞大、庞然大物、庞杂

龙

166

奇思妙想

你知道中国人为什么要称自己是"龙的传人"吗？

感 谢 的 话

　　写这套《字的家族》时，心里一直很想感谢几个人，就是大学时教我语言学和文字学的老师们，虽然我从小就对中国文字感兴趣，但他们的教导和指引，让我对中国文字的感情得到进一步升华，几乎达到一种"狂恋"的地步。

　　读过中文系的人，都不会忘记文字学、音韵学、训诂学，这三科几乎是人人唯恐避之不及的，尤其音韵学，几乎是中文系的"杀手"科目，但我真的很愉悦地沉浸其中……感谢教我文字学的柯淑龄教授、音韵学的曾荣汾教授、训诂学的许锬辉教授、《语文研究》的邱德修教授、他们的专业与严谨，造就了今天的我。

　　在大二上文字学时，我就一直想用浅白的文字写一套介绍中国文字的书给大家，特别是给刚接触中国文字的小朋友阅读。我希望他们在刚学习中国文字时，就能够通过简单、有趣的介绍，与读中文系之后才受到文字学知识训练的我一样，知道中国文字的源流演变及文字之间的关系，从而喜爱中国文字与蕴涵在文字中的思想与智慧。很幸运地，这个心愿在我心底埋藏了六年之后，终于在企鹅图书公司总编辑郑美玉小姐的帮助下得以实现。我的第一套书《有故事的汉字》也承蒙多位专家学者的厚爱，在此一并致谢！现在，我虽然因热爱创作而投入电影、电视编剧的繁忙工作中，但是基于这个美好心愿和我对中国语言文化的使命，我会继续尽我所能，把这个心愿化成仙粉，撒在小朋友的学习之翼上，带领他们在文字的世界里欢欣翱翔。

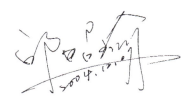

文字小博士

看图猜字连连看：请将图与相对应的字相连，并写出该字的部首。

尿（　）　拳（　）　夹（　）　休（　）　跨（　）

忠（　）　瞪（　）　跳（　）　拉（　）　唱（　）

成语填充

人			
	人		
		人	
			人

耳			
	耳		
		耳	
			耳

手			
	手		
		手	
			手

口			
	口		
		口	
			口

连连看：请将家族成员的字与对应的部首族长相连。

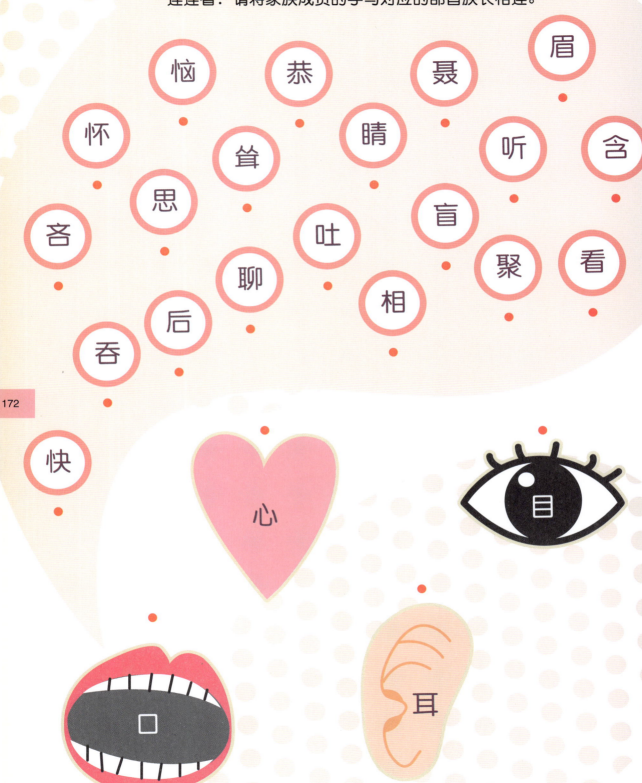

眉　聶　恭　恼
听　含　晴　怀
益　含　舀　思
盲　吐　吝
聚　看　聊
相　后
吞

172

快

心　目
口　耳

"页"家族举办了一场化装舞会，每个族人都要把身上的"页"换成另一个部首，猜猜看他们各自换装了什么部首？

预 ▶ 抒　换了（　　）部首

顶 ▶ 钉　换了（　　）部首

题 ▶ 提　换了（　　）部首

颈 ▶ 径　换了（　　）部首

领 ▶ 零　换了（　　）部首

颂 ▶ 讼　换了（　　）部首

顿 ▶ 肫　换了（　　）部首

频 ▶ 涉　换了（　　）部首

颗 ▶ 棵　换了（　　）部首

颁 ▶ 扮　换了（　　）部首

文字国发生了强烈地震，把许多字给震得解体了，请你帮忙把这些解体的部件组合起来，恢复它们原本的面貌。

衤···尹···口▶（裙）

尸···示···寸···心▶（　）

亻···亻···寸···广▶（　）

力···口···木▶（　）

口···止···匕···角▶（　）

忄···车···斤▶（　）

口···止···水···日▶（　）

扌···艹···宀···力▶（　）

口···口···口···口···木▶（　）

口···止···月···山···月▶（　）

亻···口···木···土▶（　）

174

把汉字通过加加减减后产生的新字写下来，并组词。

精 － （　　） ＋ 目 ＝ 晴　▶ （　　　　）

（　　） － 氵 ＋ 礻 ＝ 祥　▶ （　　　　）

炀 － 火 ＋ 土 ＝ （　　）　▶ （　　　　）

（　　） － 弓 ＋ 巾 ＝ 帐　▶ （　　　　）

殃 － 歹 ＋ 艹 ＝ （　　）　▶ （　　　　）

（　　） － 金 ＋ 木 ＝ 栈　▶ （　　　　）

翅 － （　　） ＋ 扌 ＝ 技　▶ （　　　　）

沟 － 氵 ＋ （　　） ＝ 购　▶ （　　　　）

松 － 木 ＋ 羽 ＝ （　　）　▶ （　　　　）

哄 － 口 ＋ 小 ＝ （　　）　▶ （　　　　）

连连看并填字：第一区和第二区所标示的都是某个文字的其中一个部件，请从这两区中选出适合的相连成"字"，并将该字写出来。

第一区　敖　仓　句　卑　龙　勾

第二区　讠　口　车　犬　广　马　虫　石　宀　钅

（　）（　）　嗷　（　）（　）（　）（　）（　）（　）（　）

这里有一个迷宫，只要照着相同部首的字往前走，就可以走出迷宫了。

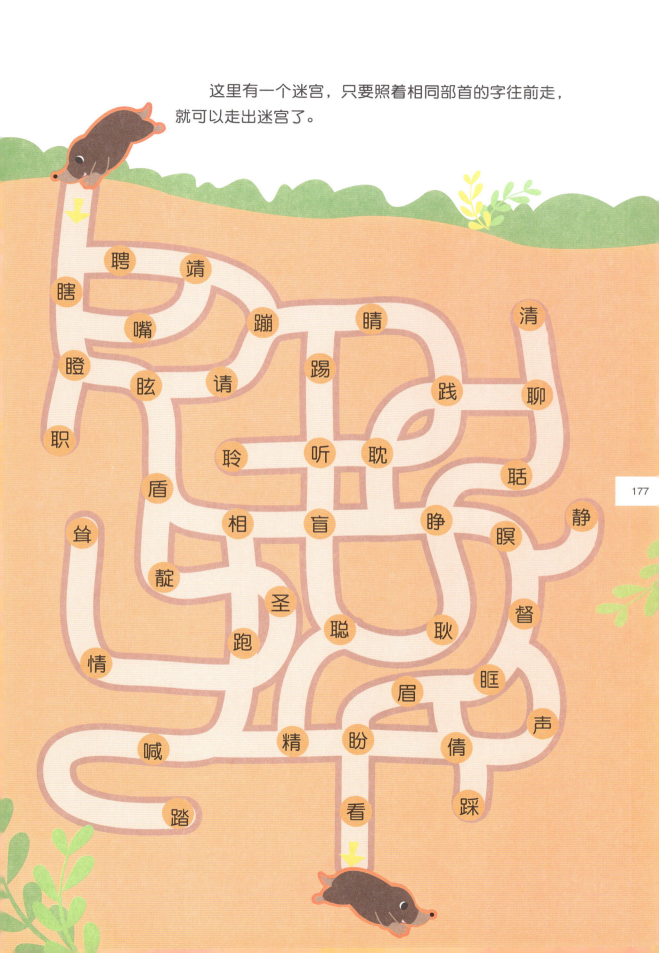

177

易混字大对决：
请从左边的提示字中，选一个正确的字填入括号中。

噪　燥
- 楼上的邻居常制造（　）音。
- 天干物（　），小心火烛。

讼　颂
- 她用诗歌来赞（　）神。
- 这个案件已经进入诉（　）程序。

佯　徉
- 大灰狼（　）装成绵羊的样子。
- 这只羊很悠闲地在草地上徜（　）。

技　枝
- 树（　）迎着阳光朝天空伸展。
- 这名获奖选手的（　）艺超群。

恃　侍
- 他仗（　）着官威欺压百姓。
- 这个大小姐被服（　）惯了。

"包"家族被抗议太强势了，于是原本跟他们搭档的部首纷纷出走，你能认出这些出走部首的原貌吗？

苞→部首原貌：　艹

体→部首原貌：（　）

雹→部首原貌：（　）

饱→部首原貌：（　）

刨→部首原貌：（　）

抱→部首原貌：（　）

袍→部首原貌：（　）

泡→部首原貌：（　）

字词串丸子：写出下列汉字的部首，并组词。

笼　操　碑　底　够

部首

组词

恭　歧　残　奋　尾

部首

组词

"氐"家族和"氏"家族因为长得太像，常常被误认，所以这两个家族的族长决定合办一个辨识大会，只让族人保留非部首的部件出场，请来宾辨别一下这个部件到底该配上"氐"还是"氏"才能成为一个完整的字，你也来玩玩这个辨识游戏吧！

氏　　氐

丝
（　）

舌
（　）

讠
（　）

木
（　）

羊
（　）

亻
（　）

礻
（　）

石
（　）

日
（　）

阝
（　）

广
（　）

牜
（　）

扌
（　）

部首变形术：下面这些部首只要跟其他部首或偏旁组成一个合体字时，部首就会改变，请你写出含有这个部首变形后的字。（不会的部首可以查字典哦！）

人——（仁）、（　　）

手——（　　）、（　　）

心——（　　）、（　　）

足——（　　）、（　　）

牛——（　　）、（　　）

犬——（　　）、（　　）

网——（　　）、（　　）

羊——（　　）、（　　）

辵——（　　）、（　　）

金——（　　）、（　　）

请你根据图画的提示，跟正确的"丁"家族的字相连，并组一个词。

钉 •

叮 •

疗 •

酊 •

顶 •

订 •

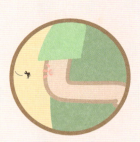

183

有些字的部首很调皮，喜欢玩躲猫猫的游戏，你能找出这些字分别属于什么部首吗？

企——（　　）部

央——（　　）部

尺——（　　）部

盾——（　　）部

聚——（　　）部

名——（　　）部

拳——（　　）部

可——（　　）部

天——（　　）部

尼——（　　）部

叠床架屋组汉字：请根据下面的部件提示，组出一个汉字。

女 + 又 → （ 　 ） + 心 → （ 　 ）

尸 + 至 → （ 　 ） + 扌 → （ 　 ）

弓 + 长 → （ 　 ） + 氵 → （ 　 ）

云 + 力 → （ 　 ） + 忄 → （ 　 ）

酉 + 寸 → （ 　 ） + 足 → （ 　 ）

口 + 贝 → （ 　 ） + 扌 → （ 　 ）

咸 + 心 → （ 　 ） + 忄 → （ 　 ）

扌 + 斤 → （ 　 ） + 口 → （ 　 ）

月 + 月 → （ 　 ） + 山 → （ 　 ） + 足 → （ 　 ）

口 + 口 + 口 → （ 　 ） + 木 → （ 　 ） + 氵 → （ 　 ）

文字小博士答案

看图猜字连连看：请将图与相对应的字相连，并写出该字的部首。

尿（尸）拳（手）央（大）休（亻）跨（𧾷）
忠（心）瞪（目）跳（𧾷）拉（扌）唱（口）

成语填充

人	云	亦	云
出	人	头	地
脍	炙	人	口
一	鸣	惊	人

耳	提	面	命
洗	耳	恭	听
掩	人	耳	目
交	头	接	耳

手	不	释	卷
七	手	八	脚
眼	高	手	低
上	下	其	手

口	是	心	非
信	口	开	河
目	瞪	口	呆
良	药	苦	口

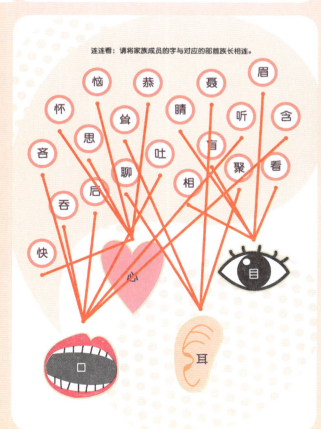

连连看：请将家族成员的字与对应的部首族长相连。

"页"家族举办了一场化装舞会，每个族人都要把身上的"页"换成另一个部首，猜猜看他们各自换装了什么部首？

预 ▶ 抒　换了（扌）部首
顶 ▶ 钉　换了（钅）部首
题 ▶ 提　换了（扌）部首
颈 ▶ 径　换了（彳）部首
领 ▶ 零　换了（雨）部首
颂 ▶ 讼　换了（讠）部首
顿 ▶ 盹　换了（目）部首
顿 ▶ 涉　换了（氵）部首
颗 ▶ 棵　换了（木）部首
颁 ▶ 扮　换了（扌）部首

文字国发生了强烈强震，把许多字给震得解体了，请你帮忙把这些解体的部件组合起来，恢复它们原本的面貌。

礻·尹·口 ▶ （裙）
尸·示·寸·心 ▶ （慰）
亻·亻·寸·广 ▶ （俯）
力·口·木 ▶ （架）
口·止·匕·角 ▶ （嘴）
忄·车·斤 ▶ （惭）
口·止·水·日 ▶ （踏）
扌·艹·宀·力 ▶ （捞）
口·口·口·口·木 ▶ （噪）
口·止·月·山·月 ▶ （蹦）
亻·口·木·土 ▶ （堡）

把汉字通过加加减减后产生的新字写下来，并组词。

精－（米）＋目＝睛 ▶ （眼睛）
（洋）－氵＋礻＝祥 ▶ （吉祥）
炀－火＋土＝（场）▶ （操场）
（张）－弓＋巾＝帐 ▶ （帐篷）
狭－犭＋艹＝（英）▶ （英俊）
（钱）－金＋木＝栈 ▶ （客栈）
翅－（羽）＋扌＝技 ▶ （技巧）
沟－氵＋（贝）＝购 ▶ （购买）
松－木＋羽＝（翁）▶ （富翁）
哄－口＋小＝（恭）▶ （恭敬）

连连看并填字：第一区和第二区所标示的都是某个文字的其中一个部件，请从这两区中选出适合的相连成"字"，并将该字写出来。

第一区　敖 仑 句 阜 龙 勾
第二区　讠 口 车 犬 广 马 虫 石 宀 钅

（庞）（獒）嗷（螯）（轮）（论）（钩）（驹）（碑）（宠）

这里有一个迷宫，只要照着相同部首的字往前走，就可以走出迷宫了。

易混字大对决：
请从左边的提示字中，选一个正确的字填入括号中。

噪 燥
- 楼上的邻居常制造（噪）音。
- 天干物（燥），小心火烛。

讼 颂
- 她用诗歌来赞（颂）神。
- 这个案件已经进入诉（讼）程序。

佯 徉
- 大灰狼（佯）装成绵羊的样子。
- 这只羊很悠闲地在草地上徜（徉）。

技 枝
- 树（枝）迎着阳光朝天空伸展。
- 这名获奖选手的（技）艺超群。

恃 侍
- 他仗（恃）着官威欺压百姓。
- 这个大小姐被服（侍）惯了。

"包"家族被抗议太强势了，于是原本跟他们搭档的部首纷纷出走，你能认出这些出走部首的原貌吗？

苞→部首原貌：	艸
体→部首原貌：	（人）
雹→部首原貌：	（雨）
饱→部首原貌：	（食）
刨→部首原貌：	（刀）
抱→部首原貌：	（手）
袍→部首原貌：	（衣）
泡→部首原貌：	（水）

字词串丸子：写出下列汉字的部首，并组词。

	笼	操	碑	底	够
部首	竹	扌	石	广	夕
组词	竹笼	操心	石碑	底片	足够
	灯笼	操劳	碑文	底细	够本

	恭	歧	残	奋	尾
部首	心	止	歹	大	尸
组词	恭维	分歧	残留	奋斗	尾巴
	恭喜	歧见	残忍	振奋	末尾

"氐"家族和"氏"家族因为长得太像，常常被误认，所以这两个家族的族长决定合办一个辨识大会，只让族人保留非部首的部件出场，请来宾辨别一下这个部件到底该配上"氐"还是"氏"才能成为一个完整的字，你也来玩玩这个辨识游戏吧！

氐 氏

纟（纸）	舌（舐）	讠（诋）
木（柢）	羊（羝）	
亻（低）	礻（祇）	石（砥）
日（昏）	阝（邸）	
广（底）	牛（牴）	扌（抵）

部首变形术：下面这些部首只要跟其他部首或偏旁组成一个合体字时，部首就会改变，请你写出含有这个部首变形后的字。（不会的部首可以查字典哦！）

人——（仁）、（信）
手——（提）、（抓）
心——（怡）、（慕）
足——（跑）、（跳）
牛——（牧）、（特）
犬——（狼）、（狠）
网——（署）、（罪）
羊——（美）、（羚）
辵——（迷）、（退）
金——（钓）、（钱）

请你根据图画的提示，跟正确的"丁"家族的字相连，并组一个词。

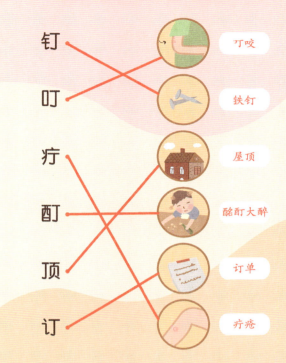

钉
叮
疔
酊
顶
订

叮咬
铁钉
屋顶
酩酊大醉
订单
疔疮

189

有些字的部首很调皮，喜欢玩躲猫猫的游戏，你能找出这些字分别属于什么部首吗？

企——（人）部
央——（大）部
尺——（尸）部
盾——（目）部
聚——（耳）部
名——（口）部
拳——（手）部
可——（口）部
天——（大）部
尼——（尸）部

叠床架屋组汉字：请你根据下面的部件提示，组出一个汉字。

女+又→（奴）+心→（怒）
尸+至→（屋）+扌→（握）
弓+长→（张）+氵→（涨）
云+力→（动）+忄→（恸）
酋+寸→（尊）+足→（蹲）
口+贝→（员）+扌→（损）
咸+心→（感）+忄→（撼）
扌+斤→（折）+口→（哲）
月+月→（朋）+山→（崩）+足→（蹦）
口+口+口→（品）+木→（桌）+氵→（澡）

读后心得记录

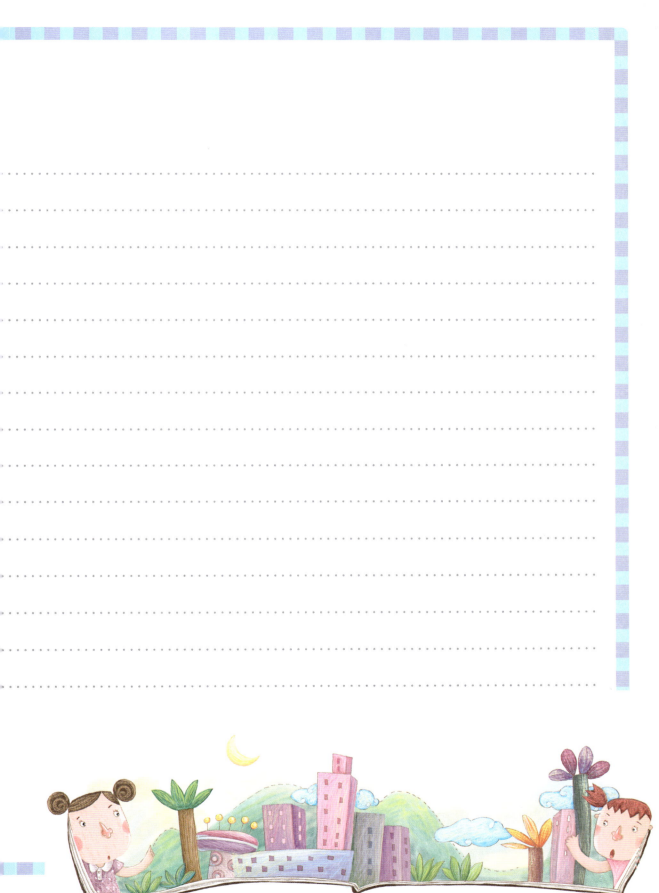

图书在版编目（CIP）数据

字的家族·人体与同源字篇 / 邱昭瑜编著. —青岛：青岛出版社，2015.5
ISBN 978-7-5552-2185-2

Ⅰ.①字… Ⅱ.①邱… Ⅲ.①识字课 – 小学 – 教学参考资料 Ⅳ.①G624.223

中国版本图书馆CIP数据核字(2015)第111394号

山东省版权局著作权合同登记号 图字：15-2014-84
本书经台湾企鹅图书有限公司（Ta Chien Publishing Co.， Ltd）授权在中国大陆
出版发行。

书　　名	字的家族（人体与同源字篇）
著　　者	邱昭瑜
出版发行	青岛出版社
社　　址	青岛市海尔路182号（266061）
本社网址	http://www.qdpub.com
邮购电话	13335059110　0532-85814750（兼传真）　0532-68068026
策划编辑	谢　蔚
责任编辑	刘克东　韦雨涓
封面设计	咸青华
版式设计	于兆海
照　　排	青岛竖仁广告有限公司
印　　刷	青岛乐喜力科技发展有限公司
出版日期	2015年7月第1版　2016年4月第3次印刷
开　　本	16开（787mm×1092mm）
印　　张	12
字　　数	300千
书　　号	ISBN 978-7-5552-2185-2
定　　价	32.80元

编校印装质量、盗版监督服务电话：4006532017　0532-68068638
印刷厂服务电话：0532-89083828
本书建议陈列类别：儿童读物